Stefan König

# DIE ALPENWANDERER

Stefan König

# DIE ALPENWANDERER

Forscher, Schwärmer, Visionäre
Große Fußreisen durch das Gebirge
Eine Wiederentdeckung

Tyrolia-Verlag · Innsbruck-Wien

# INHALT

*„Wandern ist eine Tätigkeit der Beine
und ein Zustand der Seele."*

JOSEF HOFMILLER (1872–1933)

# ABENTEURER MIT GÄNSEHAUT

*Lange war das Gebirge wild und gefahrvoll.*
*Dann kamen die Alpenwanderer – und machten es salonfähig*

NATÜRLICH WAREN SIE SONDERLINGE! Schwärmer, Abenteurer, Idealisten und Fantasten. Und natürlich waren sie Romantiker! Menschen, die dem urbanen Leben zumindest zeitweise entflohen und im Motto „Zurück zur Natur" ihr Glück suchten, es aber bei weitem nicht immer fanden.

Die Rede ist von Leuten wie Ludwig Steub, Heinrich Noë, Joseph Kyselak und von noch einigen anderen mehr. Zu Zeiten des aufkeimenden Alpentourismus machten sie sich auf die – zumeist noch wenig begangenen – Wege durch die Bergtäler und über die Alpenpässe. Sie sahen sich nicht als Bergsteiger, nicht als Gipfelstürmer, wenngleich ihre erlebnisreichen Reisen in dieselbe Zeit fielen wie die große Erschließungswelle in den Alpen.

Als beispielsweise 1865 das Matterhorn als einer der letzten herausragenden Berge der Alpen erstmals bestiegen wurde, da brachte Noë seine Schilderungen der bayerischen und österreichischen Gebirgslandschaften, der dort lebenden Menschen und ihrer Kulturen, in Buchform heraus – und es gelang ihm damit etwas, das man heutzutage als Bestseller bezeichnen würde.

Doch Noë wie den anderen ging es nicht um „Eroberung", nicht um „sportliches Tun". Auch waren ihnen die Alpen nicht „The Playground of Europe", wie der bedeutende Alpinist Leslie Stephen sie 1871 bezeichnet hat. Sie sahen das Erhabene des Hochgebirges, verschlossen sich nicht gegenüber den kühnen Formen der Felsengebirge, sie spürten die bergsteigerischen Herausforderungen – nahmen sie aber nicht an. Ihnen ging es nicht ums Spektakuläre, nicht um die Sensationen. Oder, vielleicht besser gesagt, sie waren genaue Beobachter, und als solche entdeckten sie das Spektakuläre auch und vor allem in den kleinen Dingen.

*„Nun wollte ich aber auch einmal für mein engeres Vaterland eine literarische Tat vollbringen. Seit zwanzig Jahren war ich jeden Sommer auf ein paar Wochen ins bayrische Gebirge gegangen und hatte da allerlei Wanderschaftliches geschrieben ...“*, erzählt Ludwig Steub in seiner Autobiografie von 1883. Diese Alpenwanderer, die sich bevorzugt in den noch zivilisationsnahen Höhen bewegten, beschrieben Täler und Orte, sie berichteten vom Leben in der Region, von den Eigenheiten des jeweils dort anzutreffenden Menschenschlages, sie überlieferten ganz beiläufig allerhand Volkskundliches – und sie schauten, salopp gesagt, den Menschen „aufs Maul“.

Jeder der hier vorgestellten Alpenwanderer hat dabei seinen eigenen Stil entwickelt. Beim Lesen der alten Aufzeichnungen glaubt man zu spüren, dass auch ein jeder einen eigenen Rhythmus des Gehens gefunden hat, der sich im Rhythmus des Erzählens widerspiegelt. Denn das verbindet die hier Vorgestellten: Sie haben sich alle dem Gehen verschrieben, dem Unterwegssein zu Fuß, also auf die dem Menschen gemäßeste Art der Fortbewegung. Sie sind vielleicht nicht immer und nicht ausschließlich auf Schusters Rappen gereist, aber doch mit einer unverhohlenen Vorliebe für den eigenen Gang. Fast möchte man meinen, dass ihre Schilderungen umso eindringlicher geworden sind, je langsamer sie sich fortbewegt haben.

Leute wie Kyselak und Noë haben das Gehen nicht neu erfunden. Aber sie haben es gleichsam salonfähig gemacht. Ein Paradoxon: Sie, die Sonderlinge, haben den Beweis erbracht, dass man kein Sonderling sein muss, um Tage und Wochen durch eine oft noch schwer zugängliche, sich erst allmählich öffnende Welt zu wandern.

Auch Goethe war gegangen. Natürlich weiß man mehr von seinen Kutschfahrten, durch Italien, durch die Schweiz, aber er ist auch viel gegangen. Ist auf Berge und Pässe hinaufgewandert und hat tief Empfundenes und analytisch Beobachtetes für die Nachwelt festgehalten: *„Ich bin in die Türe getreten, ich habe dem Wesen der Wolken eine Weile zugesehen, das über alle Beschreibung schön ist. Eigentlich ist es noch nicht Nacht, aber sie verhüllen abwechselnd den Himmel und machen dunkel. Aus den tiefen Felsschluchten steigen sie herauf, bis sie an die höchsten Gipfel der Berge reichen. Von diesen angezogen, scheinen sie sich zu verdicken und von der Kälte gepackt in Gestalt des Schnees niederzufallen. Es ist eine unaussprechliche Einsamkeit hier oben ...“* (Schweizreise 1979).

Oder Heinrich Heine. Als begnadetes und gnadenloses Lästermaul war er 1828 von München nach Genua gereist. In seinen „Reisebilder(n)" wirft er auch manch sarkastischen Blick auf Tirol – allerdings meist aus dem Feuteuil der Kutsche: *„Die Tiroler sind schön, heiter, ehrlich, brav und von unergründlicher Geistesbeschränktheit. Sie sind eine gesunde Menschenrasse, vielleicht weil sie zu dumm sind, um krank sein zu können …"*

Nicht zu vergessen Johann Gottfried Seume, der durchaus als „Urvater" des modernen Fußwanderns angesehen werden darf. Im Dezember 1801 brach er im sächsischen Grimma zu seinem „Spaziergang nach Syrakus" auf. Er wanderte über Prag, Wien, Triest und Rom nach Neapel und bestieg dort ein Schiff nach Sizilien. Der Rückweg führte ihn nach Florenz und Mailand und dann auch noch über die Alpen, die ja in diesem Buch im Blickpunkt stehen sollen: *„Mein größter Genuss waren überall die Alpenquellen, vor denen ich selten vorbei ging ohne zu ruhen und zu trinken, wenn auch beides eben nicht nötig war, und in den Schluchten um mich her zu blicken, und vorwärts und rückwärts die Gegenstände festzuhalten. Jetzt schmolz eben der Schnee auf den Höhen der Berge, und oft hatte ich vier bis sechs Wasserfälle vor den Augen, die sich von den nackten Häuptern der Alpen in hundert Brechungen herabstürzten …"*

Ob diese Herren nun zu Fuß gegangen sind, wie Seume, bisweilen zum Erwandern der Berge das Gefährt verließen, wie Goethe, oder ob sie, wie Heine, nur den Kopf in den staubigen Fahrtwind hielten – alle eint die Faszination von Jean-Jacques Rousseaus philosophischem Ansatz „Zurück zur Natur". Er, der sein Leben lang wandernd Getriebene, pries die Vorzüge der Langsamkeit unter anderem im Buch „Emile. Oder über die Erziehung":

*„Wir sperren uns nicht gegen die freie Luft ab, noch berauben wir uns des Anblicks der uns umringenden Gegenstände, noch lassen wir uns um die Gelegenheit bringen, sie nach Herzenslust und so oft es uns gefällt in Augenschein zu nehmen. Emile wird seinen Fuß nie in einen Postwagen setzen …"*

Gleichwohl, die hier genannten Dichter, Denker und Wanderer sind noch die Vorhut jener Alpenwanderer, von denen hier berichtet sein soll. Sie waren mit ihrem Tun und ihrem Darüberberichten gleichsam die Türöffner in die alpine Welt. Eine Welt, die über Jahrhunderte vor allem auch als gefährlich, als feindselig galt, und deren Phänomene durch Sagen erklärt werden mussten. Die Natur des Hochgebirges war bedrohlich. Wer über die Alpen musste, setzte sich erheblichen Gefahren aus. Nicht wenige dieser Alpenreisenden kamen

zu Tode, wurden Opfer von Lawinen, Steinschlägen, Raubüberfällen oder sie starben an Erschöpfung.

Es bedarf der Einschaltung der Fantasie, um sich auch nur annähernd vorstellen zu können, welche Beschwernisse und Nöte mit dem Reisen in alpinen Regionen einstmals verbunden waren. Die Flüsse und Bäche waren nicht gebändigt. Wo heute beispielsweise der Südtiroler Eisack reguliert neben Autobahn, Landstraße und Eisenbahnlinie verläuft, wütete einst ein reißender Wildbach, der, insbesondere zu Zeiten der Schneeschmelze oder nach heftigen Unwettern, enorme Zerstörungen verursacht hat. Alpenübergänge wie etwa der knapp 1800 Meter hohe Arlbergpass bargen immer die besonderen Gefahren von Wetterumsturz und Erschöpfung. Der Aufstieg zu einem Pass war lang, kraftraubend und für die Reisenden – Händler, Handwerker, Geistliche, Boten, Militär – zumeist ein Vorstoß in ungewohnte Höhen und Gefilde. Selbst bei guten Wetterbedingungen stieß manch einer an seine äußersten Belastungsgrenzen. Dann aber erst, wenn es zu einer Wetterverschlechterung kam! Was das bedeutet, weiß heutzutage ziemlich jeder. Damals aber war es für viele ein Schock. Binnen einer Stunde konnte die Temperatur um zwanzig Grad fallen und der einsetzende Regen verwandelte sich in Schnee und Eis. Es gab keine Regenbekleidung und lange Zeit auch keine Notunterkünfte. Wer hier nicht über eine besondere Konstitution verfügte, starb am Wegrand. Und so erging es vielen.

Und noch eine Gefahr für Leib und Leben war im gesamten Alpenraum bis ins 19. Jahrhundert weit verbreitet: Räuber nutzten die Engstellen der Reiserouten als ideale Fallen für Postkutschen, Berittene und Fußwanderer. So ist beispielsweise bei Hans Conrad Escher von der Linth in den „Bemerkungen eines schweizerischen Wanderers über einige der weniger bekannten Gegenden der Alpen" (1798) das Folgende nachzulesen:

*„Dieser einsame waldige Bergrücken ist durch die häufigen Straßenräubereyen bekannt, welche hier begangen werden. Zur Abschreckung der Räuber, aber wahrscheinlich auch nicht zur Beruhigung der Wanderer, sind die Schädel von allen hingerichteten Räubern längst der Straße an den Stellen aufgesteckt, wo sie ihre Gewalttaten ausübten …"*

Als Seume, Goethe, Heine reisten, waren einige Gefahren bereits eingedämmt, wenngleich natürlich nicht beseitigt. Es gab bereits befestigte Straßen, auf die Reisenden eingestellte Posthaltereien, Hospize auf den Alpenpässen, Gen-

darmerieposten, die den Räuberbanden das Leben schwerer machten. Und es gab zunehmend auch Erfahrungswerte, zu welchen Zeiten welche Wege besonders betroffen waren von den objektiven, den von der Natur ausgehenden Gefahren. Und dennoch blieb eine Alpenreise eine Unternehmung mit vielen Unwägbarkeiten. Und niemand hätte damals ahnen können, dass nur mehr wenige Jahrzehnte vergehen mussten, ehe ein Phänomen seinen unübersehbaren Anfang nahm; ein Phänomen, das die Alpenwanderer mit ihren Berichten noch sehnsuchtsvoll herbei erzählten und das diejenigen, die ihren Berichten folgten, bald schon einholen sollte – oder um es mit Goethe zu sagen: „Die ich rief, die Geister, / Werd ich nun nicht los."
Die Rede ist vom Tourismus.

Die große Zeit der frühen Alpenwanderer fällt also zusammen mit einer großen Erschließungswelle der Alpen.
Der sogenannte „frühe Alpinismus" geht über in die „goldene Zeit des Alpinismus" – expeditionsartige Unternehmungen wie etwa bei der Erstbesteigung des Montblanc im Jahr 1786, des Großglockners im Jahr 1799 oder des Großvenedigers (1841) wandeln sich hin zu einem Bergsteigen mit sportlicher Note. 1865 wird das Matterhorn als letzter noch unerstiegener Hauptgipfel der Alpen gemeistert – allerdings mit katastrophalem Nachspiel: Beim Abstieg kommen vier der sieben Alpinisten ums Leben. Dann beginnt die Nacherschließung: Zahlreiche Berge der „zweiten Kategorie", so zum Beispiel viele Felstürme in den Dolomiten, werden erstmals bestiegen, andere, „bedeutendere" Berge auf neuen, oftmals schwierigeren Routen.
Es tun sich ganz wesentlich britische Abenteurer bei diesen Unterfangen hervor; zumeist Leute von Stand, bestens situiert, mit ihren Abenteuern die Langeweile des Landlordlebens kompensierend.
Das Führerwesen erlebt eine große Blüte – waren es zunächst vor allem Hirten und Jäger, die ihre alpinen Ortskenntnisse nutzbar machten, so entstand in bedeutenden Alpenorten wie Zermatt, Chamonix oder Heiligenblut und in den Tälern der Dolomiten eine rege Bergführertätigkeit. Und etwas, was den zukünftigen Alpentourismus ganz besonders nähren wird: In London (1857), Wien (1862), in Turin (1867) und München (1869) werden Alpenclubs und Al-

*Im 19. Jahrhundert begann die bergsportliche Erschließung der Alpen.*

# DIE ERSCHLIESSUNG
## DER
# OSTALPEN

HERAUSGEGEBE vom

DEUTSCHEN u. ÖSTERREICHISCHEN ALPENVEREIN.

## WAS WANN GESCHAH: EIN KLEINER ZEITLICHER ÜBERBLICK

1843 entsteht am Dachsteingipfel der erste mit Eisenstiften und Drahtseilen gesicherte hochalpine Weg in den Ostalpen.

1854 wird die Semmeringbahn bei Wien eröffnet, und sie wird zum Vorbild für Gebirgsbahnen in der ganzen Welt.

1857 erfolgt in London die Gründung des „Alpine Club", des ersten Bergsteigervereins der Welt.

1862 bis 1870: Der Wiener Paul Grohmann tut sich zusammen mit einheimischen Führern durch zahlreiche Erstbesteigungen bei der alpinistischen Erschließung der Dolomiten hervor.

1863 wird am Schweizer Tödi die erste Alpenvereinshütte (Grünhornhütte auf 2450 Meter Höhe) errichtet.

1863 erscheint der erste Hochtouristenführer unter dem Titel „Alpine Guide".

1865 wird das Matterhorn erstbestiegen. In Zermatt wird diese Erstbesteigung gefördert, um damit mehr Gäste anzulocken. Der tödliche Absturz von vier Bergsteigern wird zunächst als Desaster für den aufkeimenden Tourismus gewertet.

1865 erscheint erstmals das Jahrbuch des Österreichischen Alpenvereins.

1871 nimmt am Vierwaldstättersee die Rigi-Bahn, die erste Zahnradbahn Europas, den Betrieb auf.

1877 wird in Turin das Museum des Centro Alpinistico Italiano eröffnet.

1884 wird die Arlbergbahn (mit 10 km langer Tunnelstrecke zwischen St. Anton und Langen) eröffnet.

1890 unternimmt der Gestütsverwalter von Schwaiganger in Oberbayern eine Skitour auf den 1790 Meter hohen Heimgarten. Diese Tour kann als der Beginn des Ski-Alpinismus bezeichnet werden.

1900 Einweihung der Meteorologischen Station auf der Zugspitze.

1901 erscheint in München erstmals die „Deutsche Alpenzeitung", die zur wichtigsten deutschsprachigen Alpinzeitschrift avanciert.

1901 wird am Matterhorn der vermutlich erste Bergfilm gedreht.

penvereine gegründet, mit der unmittelbaren Folge, dass Publikationen herausgegeben werden und mit dem Bau von Bergsteigerunterkünften (Alpenvereinshütten) begonnen wird.

Diese kleine Aufstellung soll veranschaulichen, wie das Gebirge im 19. Jahrhundert mehr und mehr in den Blickpunkt geriet. Es verlor seine Abgeschiedenheit. Die Bergsteiger durchstreiften jede Region auf der Suche nach lohnenden Zielen. Die abgelegenen Täler wurden verkehrstechnisch erschlossen, und das Leben der Menschen, das über Jahrhunderte kaum Veränderungen erfahren hatte, änderte sich nun in kurzer Zeit.

Die Eisenbahnlinien machten das Gebirge erreichbar, auch für Menschen, die bis dahin weder über genug finanzielle Mittel noch über hinreichend Freizeit verfügt hatten, um sich in langwierigen und kostspieligen Anreisen dorthin zu begeben. Die Alpen kamen in Mode. Die Sommerfrische war en vogue bei jenen, die es sich leisten konnten. Der Winteraufenthalt in alpiner Region kam als Nächstes.

Und die Alpenwanderer? Sie machten sich auf einer gleichsam immer klarer gezeichneten Landkarte auf ihre Wege, und sie traten etwas los, was über ihr Leben hinaus immer stärkere Wirkkraft erzielen sollte. Aus dem Reisen in der Kutsche, hoch zu Ross oder dann in der Eisenbahn durfte nun ein Wandern zu Fuß werden – nicht aus Not oder Mangel, sondern aus purer Lust.

Doch eines muss noch gesagt werden: Wenn auch die Gefahren beim Zufußgehen in den talnahen Gebirgsregionen mit zunehmendem technischen und sozialen Fortschritt abnahmen, so dauerte es doch noch eine Weile, bis der „verkehrsmittellose" Wanderer gesellschaftlich Anerkennung fand.

Allerdings war bereits im Mai 1800 im „Journal des Luxus und der Moden" eine flammende Philippika gegen die Vorurteile gegenüber den Wandersleuten zu lesen. Demnach war die Zeit vorbei, da man Fußreisende ungestraft als Landstreicher, Pickelheringe oder Seiltänzer bezeichnen oder ihnen gar die Übernachtung im Wirtshause verweigern durfte. Des Weiteren wurde in dem Artikel allen Interessierten eine „zweckmäßige Uniform für Fußreisende" empfohlen – bestehend aus Lederhut, Umhängetasche, Terzerol, Habersack, guten wollenen Strümpfen sowie einem Rohrstock mit inwendigem Besteck und Tabakspfeife „gegen die Dünste in Bauernhäusern"…

Somit wäre das zeitliche und gesellschaftliche Umfeld angerissen. Die Alpenwanderer des 19. Jahrhunderts waren immer auch Abenteurer, im Vergleich zu den Alpinisten freilich waren sie „Abenteurer mit Gänsehaut". Sie waren

Pioniere des Bergtourismus – und doch wären sie es nicht geworden, wenn die touristische Erschließung nicht schon ein gutes Stück weit vorangebracht gewesen wäre. Sie waren, in aller Regel, Einzelgänger und Einsamkeitsfanatiker – und doch beraubten sie, wenngleich unabsichtlich oder aber in bester Absicht, mit ihren Veröffentlichungen die erwanderten Bergregionen ihrer ursprünglichen Einsamkeit. Sie waren letztlich Wegbereiter für Millionen von Menschen, die wandernd durch alle Alpenregionen ziehen – viele von ihnen mit der nötigen Sensibilität, viele aber auch, ohne zu wissen, was sie da eigentlich tun und wo sie eigentlich sind.

Es ist an der Zeit, sich auf die Spuren dieser Alpenwanderer zu setzen. Sie waren alle Kinder ihrer Zeit, die meisten geprägt noch vom Biedermeier, und sie waren dabei schwelgerische Romantiker, deren Beobachtungsgabe jedoch scharfsichtig und deren Erzählstile durchaus sarkastisch sein konnten. Sie waren zu Lebzeiten mehr oder minder berühmt, manch einer wurde posthum legendär, aber schließlich gerieten sie alle ziemlich in Vergessenheit. Was schade ist. Und deshalb soll hier in einer Mischung aus Dokumentation und poetischer Rückschau an sie erinnert werden – und an Zeiten, da das Unterwegssein im Gebirge noch so vonstatten ging, wie wir es uns heute oft wünschen würden.

So ist dieses Buch auch eine Einladung, lesend oder wirklich wandernd die alpinen Landschaften aus halber Höhe zwischen Tälern und Gipfeln wieder neu zu entdecken. Eigentlich müsste es heißen „alt zu entdecken" – denn betrachtet werden sollen Landschaften und Leute aus den Lebens- und Wanderwegen dieser Alpenwanderer heraus, gleichsam mit deren Augen.

Also, machen wir uns auf den Weg. Jeder Weg ist der richtige.

Literatur:

Max Mittler: Pässe, Brücken, Pilgerpfade. Historische Verkehrswege der Schweiz. Zürich 1988
Jochen Klauß: Goethe unterwegs. Veröffentlichungen der Nationalen Forschungs- und Gedenkstätten der klassischen deutschen Literatur in Weimar. Weimar 1989
Die großen Alpenpässe. Reiseberichte aus den Jahrhunderten. München 1967
Franziska Lobenhofer-Hirschbold / Ariane Weidlich: Ziemer zu Vermithen. Von Berchtesgaden bis Zillertal. Aspekte der touristischen Erschließung von 1850–1960. Freilichtmuseum des Bezirks Oberbayern. Großweil 1999
Jost Perfahl: Kleine Chronik des Alpinismus. Rosenheim 1984
Johann Gottfried Seume: Spaziergang nach Syrakus. Braunschweig und Leipzig 1805
Heinrich Heine: Reisebilder. Hamburg 1826

# „MUT, DAMIT KOMMT MAN
# AUCH IN DER HÖLLE DURCH …"

*Seume spazierte auch über die Alpen*

**ANFANG DEZEMBER 1801** – das 19. Jahrhundert hatte also gerade erst richtig begonnen – schnallte sich in Grimma bei Leipzig ein gewisser Johann Gottfried Seume den Tornister um und begab sich auf eine weite, später berühmt gewordene Reise – auf seinen „Spaziergang nach Syrakus". Anders ausgedrückt: Er brach auf zu jener Bildungsreise, die seit der Renaissance zum Pflichtprogramm europäischer Adeliger gehörte und, seit dem 18. Jahrhundert, durchaus auch zum Pflichtprogramm wohlhabender Bürgerlicher. „Le Grand Tour" führte über Venedig, Bologna und Rom nach Neapel. Dass Seume bis Sizilien weiterziehen wollte, war das Ungewöhnlichste nicht an dieser großen Reise. Ungewöhnlich war, dass er sie tatsächlich zu Fuß unternehmen wollte!
Man muss sich dazu die Reiseroute einmal genauer vergegenwärtigen: Von Leipzig nach Prag. Von Prag nach Wien. Übers Gebirge nach Triest und weiter nach Venedig. Dann Bologna, Ancona, Rom und Neapel. Hier besteigt er ein Schiff nach Sizilien und durchwandert die Insel bis nach Syrakus. Und dieses Syrakus ist nicht der Endpunkt der Fußwanderung – von hier könnte er ja zumindest größere Teilstrecken mit dem Schiff oder der Kutsche fahren – nein, es ist nur der Wendepunkt.
Auf Sizilien nimmt Seume ein Schiff zurück nach Neapel – und von da wandert er dann über Rom, Siena und Florenz nach Bologna. Sein weiterer Weg führt ihn nach Mailand, dann ins Tessin und über den Gotthard – mitten hinein in jene Region, wo zur selben Zeit der großartige Panoramenzeichner Hans Conrad Escher von der Linth ausgedehnte Alpenwanderungen unternimmt. Wenn es die Zufälle gewollt hätten, so wäre ein Zusammentreffen dieser beiden historisch bedeutsamen Persönlichkeiten durchaus möglich gewesen.

Seume überquert den Alpenkamm also ein zweites Mal, geht über Luzern nach Basel, nun westwärts nach Dijon und dann bis Paris. Und von dort erst tritt er über Nancy, Frankfurt und Erfurt den eigentlichen Heimweg an.

Ein Fußweg von vielen tausend Kilometern. Relativ gering nimmt sich dabei jener Teil aus, der die Alpen durchzieht. Seume kann auch aus einem anderen Grund nicht zu den Alpenwanderern gezählt werden, wie sie fortan in diesem Buch porträtiert sein sollen. Die Motivation für seinen langen Marsch bis an die Südspitze Italiens und wieder zurück lag nicht am Interesse für die Berge, ja nicht einmal für Landschaften im Allgemeinen. Was ihn umtrieb, war der Wunsch, sich auf der Wanderschaft zu bilden, sich Eindrücke aus erster Hand zu verschaffen. Doch anders als die vielen Bildungsreisenden, die vor ihm aufgebrochen waren, orientierte er sich bald weniger an den kulturellen Höhepunkten entlang der langen Strecke, sein Hauptaugenmerk galt nicht allein den Kunstschätzen und den Spuren der Antike, sondern mehr und mehr dem Studium des ganz alltäglichen Daseins der Menschen, die in den von ihm durchwanderten Regionen lebten und arbeiteten. Kurzum: Sein Interesse war ein weit mehr soziales und ethnologisches als ein geografisches. Und so steht dieser Johann Gottfried Seume gleich zu Beginn dieses Buches über die Alpenwanderer des 19. Jahrhunderts etwas verloren herum.

Und doch soll gerade mit ihm angefangen werden. Schließlich war er einer der ersten, der eine Fußwanderung von enormer Ausdehnung unternommen und der über diese Tour umfassend berichtet hat. Sein „Spaziergang nach Syrakus" ist einer der ersten großen schriftlichen Berichte über eine solche Unternehmung, die letztlich ja zweckfrei gewesen ist: Seume musste nicht wandern. Es gab keinen existenziellen oder berufsbedingten Grund, die Mühsal und die Gefahren des langen Weges auf sich zu nehmen. Er wanderte freiwillig, getrieben von Neugier und Interesse. Und er schrieb, um seine Erlebnisse zu reflektieren. Und genau dieses Reflektieren ist die Voraussetzung, um den Menschen in seiner Zeit (und den Zeiten danach) etwas mitteilen zu können. Das Mitteilen erst schafft eine öffentliche Wirklichkeit.

Man denke nur an Francesco Petrarca, der am 26. April 1336 den Mont Ventoux in Südfrankreich bestieg. Er war wohl kaum der erste Mensch auf diesem nicht allzu schwer ersteigbaren Gipfel von 1909 Metern Höhe. Mit großer Wahrscheinlichkeit sind lange vor ihm Hirten und Jäger auf dem höchsten Punkt gewesen. Aber sie wollten oder konnten darüber nicht berichten, nichts überliefern. Petrarca aber, der Dichter aus der Region von Padua, reflektierte. Er

Schnorr v. K. del.  Schwerdgeburth sc.

machte sich während des durchaus mühevollen Aufstiegs und droben am Gipfel seine Gedanken. Und er schrieb diese Gedanken auf – Gedanken wie diesen: „… bestiegen heute endlich, jeder mit einem Bedienten, den Berg, nicht ohne viel Beschwerde. Er ist nämlich eine jäh abstürzende, fast unersteigliche Felsmasse. Indessen gut hat der Dichter gesagt: „Verwegnes Mühen alles zwingt …" – und er erlangte Ruhm damit. Sogar jenen Ruhm, mit dieser Besteigung des „Ventosus", des „Windigen", zum Stammvater des Alpinismus erkoren worden zu sein.

Ein anderes, doch durchaus ähnlich gelagertes Beispiel: Als sich in der zweiten Hälfte des 19. Jahrhunderts britische Alpinisten und der Wiener Bergsteiger Paul Grohmann wahre Wettrennen um die Ersteigungen der Dolomitengipfel lieferten, waren viele ihrer „Eroberungen" eigentlich schon längst nicht mehr unberührt. Ohne viel Aufhebens darum zu machen, waren Einheimische, Älpler, Hirten, Gämsenjäger, auf die eine oder andere Bergspitze gestiegen, hatten oft auch Steinmandln gebaut als Zeichen ihrer Anwesenheit. Es ist überliefert, dass einmal so ein Jäger, den die Bergsteiger nun als Führer engagierten – nichts wissend davon, dass er selbst schon am Gipfel gewesen war – am Tag vor der geplanten Tour heimlich hinaufstieg und das Steinmandl zerstörte. Denn jetzt sah der Gipfel unberührt aus, sah aus, als sei noch nie ein Mensch dort oben gewesen – und für diese vermeintliche Erstbesteigung konnte er als Führer dann doppelten Lohn einstreichen. In die Alpingeschichte eingegangen sind sie nicht, die Einheimischen, sondern jene oft weit angereisten Alpinisten, die über ihre Unternehmungen Bericht erstatteten, die den Bergen manchmal sogar erst Namen gaben, und die ihre eigenen Namen mit der Route, die sie gegangen oder geklettert waren, nun eng verbanden.

So ist es auch zu verstehen, dass Seume hier den Anfang machen muss. Er hat das Wandern im 19. Jahrhundert erstmals in Worte gefasst, hat es für eine breitere Öffentlichkeit begreifbar gemacht – und er hat dabei unsterbliche Aussagen getroffen, eine Art Credo für die (Alpen-)Wanderer seiner Zeit und darüber hinaus. Wer dächte nicht sofort an jenen so viel zitierten und in zahllosen Abwandlungen herumschwirrenden Aphorismus aus Seumes Feder: „Wer geht erlebt mehr als wer fährt." Das Zitat ist in seiner Verkürzung, Verzerrung und unablässigen Verwendung ähnlich plakativ und dabei gehaltlos geworden wie der angebliche Indianerhäuptlingssatz, wonach man Geld nicht essen könne. Seumes Aussage ist indes komplexer. Und sie stammt nicht aus dem „Spaziergang", sondern aus seinem Buch „Mein Sommer 1805", in dem er eine Reise durch Ost- und Nordeuropa geschildert hat:

*Wer geht, sieht im Durchschnitt anthropologisch und kosmisch mehr, als wer fährt ... Wo alles zuviel fährt, geht alles sehr schlecht, man sehe sich nur um! Sowie man im Wagen sitzt, hat man sich sogleich einige Grade von der ursprünglichen Humanität entfernt. Man kann niemand mehr fest und rein ins Angesicht sehen, man tut notwendig zuviel oder zuwenig. Fahren zeigt Ohnmacht, Gehen Kraft. Schon deshalb wünsche ich nur selten zu fahren, und weil*

*ich aus dem Wagen keinem Armen so bequem und freundlich einen Groschen
geben kann.*
Zu Fuß also. Über die Alpen!
Dicht an der ursprünglichen Humanität. Mit offenen Augen und ganz wachem
Verstand.


6. Dezember 1801:
*Ich schnallte in Grimma meinen Tornister, und wir gingen. Eine Karawane
guter gemütlicher Leutchen gab uns das Geleite bis über die Berge des Mul-
dentals ...*
Was der Tornister enthielt, hat Seume selbst überliefert. Und es ist erstaunlich, was er alles mit sich geführt hat. Neben dem notwendigen Gewand – zwei
Hosen, zwei Westen, zwei Unterhosen, ein Frack, zwei Paar Strümpfe, Ta-
schentücher, vier Halstücher, ein Paar Straßenschuhe, ein paar Stiefel und ein
Paar Pantoffeln – beschwerten auch noch Bücher das Gepäck: Werke von Ca-
tull, Heraklit, Homer, Horaz, Tacitus.
Der „Spaziergang nach Syrakus" – der schon angesichts des schweren Tor-
nisters alles andere als ein Spaziergang war – beginnt also als eine klassische
Bildungsreise. Und dann verändern sich die Perspektiven. Das Wandern, verbunden mit einem Seelenzustand der „ursprünglichen Humanität", verändert
den Wanderer Seume. Doch noch ist er ja erst ein paar Tage unterwegs, noch
braucht es Zeit, bis er in die Alpen kommt.


*Nun nahm ich von meinen alten und neuen Bekannten in der Kaiserstadt
(Wien, Anm. des Autors) Abschied, packte meine Siebensachen zusammen
und wandelte mit meinem neuen kaiserlichen Dokument Tages darauf fröh-
lichen Mutes die Straße nach Steiermark. Schnorr hatte als Hausvater billig
Bedenken getragen, den Gang nach Hesperien weiter mit mir zu machen. Man
hatte die Gefahr, die auch wohl ziemlich groß war, von allen Seiten noch mehr
vergrößert; und was ich als einzelnes isoliertes Menschenkind ganz ruhig wagen konnte, wäre für einen Familienvater Tollkühnheit gewesen. Komme ich
um, so ist die Rechnung geschlossen und es ist Feierabend; aber bei ihm wäre
die Sache nicht so leicht abgetan.*
Angst einjagen lässt Seume sich aber so leicht nicht. Wie auch! Er hat mit seinen achtunddreißig Jahren bewegte Zeiten hinter sich, hat Armut und Not
kennengelernt, war mit achtzehn von hessischen Werbern „kassiert" worden,

um sich einige Monate später als englischer Soldat in einem Krieg gegen aufständische Amerikaner in der Neuen Welt zu finden. Was soll ihn noch schrecken!

*Ein Felsenstück hängt drohend über dem Haus her, in welchem ich übernachte. Hier fängt die Gegend an, die wie ich mich erinnere, schon andere mit den schönsten in der Schweiz verglichen haben. Wie wird es aber auf den steiermärkischen Wegen werden, vor denen mir schon in Wien selbst Eingeborne bange machen wollten? Es kann nun nichts helfen; nur Mut, damit kommt man auch in der Hölle durch.*

Seume wanderte über den Semmering – *ist kein Maulwurfshügel; es hatte die zweite Hälfte der Nacht entsetzlich geschneit; der Schnee ging mir bis hoch an die Waden* – und vorbei an den vielen Mühlen und Hammerwerken von Mürzzuschlag. *Am 10. um neun Uhr in Wien aufgebrochen, und den vierzehnten zu Mittage in Graz, heißt im Januar immer ehrlich zu Fuß gegangen. Die Täler am Flusse herunter sind fast alle romantisch schön, die Berge von beträchtlicher Höhe.*

Und dann geht es wirklich über die Berge. Nicht auf markierten Wanderwegen, wie sie heute wohl ein jeder Leser vor Augen hat, wenn er an die Alpen und an Überschreitungen der Gebirgsgruppen denkt. Seume hat sich noch an die üblichen Verkehrswege zu halten, gleichsam am Straßenrand zu laufen und dabei aufzupassen, dass er von keiner Postkutsche überrollt wurde.

*Von Gannewitz aus ist es ein hoher, furchtbar steiler Berg, weit steiler als der Semmering; so dass vierunddreißig Ochsen und sechs Pferde an einem Frachtwagen zogen, den die sechs Pferde auf gewöhnlichen Wegen allein fortbrachten.*

Seume kommt nach Maribor, durch Cilli nach Laibach (heute: Ljubljana) und an den südlichen Ausläufern der Julischen Alpen entlang nach Triest.

*Die Leute meinten hier wieder, ich sei nicht gescheit, als sie hörten, ich wolle zu Fuß von Triest über die Berge nach Venedig gehen und sagten, da würde ich nun wohl ein bisschen totgeschlagen werden: aber ich ließ mich nicht irre machen und wandelte wieder den Berg herauf …*

Auf dem weiteren Weg nach Venedig nutzt Seume einmal mehr die Gelegenheit, vom Wasser zu schwärmen, für das er eine besondere Begeisterung empfindet:

*… sehr viele große und kleine Flüsse kommen rechts von den Bergen herab, unter denen der Tagliamento und die Piave die vorzüglichsten sind … Sein Bett* (Seume spricht vom Tagliamento) *ist über eine Viertelstunde breit und*

*zeigt, wie wild er sein muss, wenn er das Bergwasser herabwälzt. Wenn die*
*Bäche groß sind, mag die Reise hier immer bedenklich sein … Jetzt sind alle*
*Wasser so schön und hell, dass ich überall trinke: denn für mich geht nichts*
*über schönes Wasser.*

Die Vorstellung, dieses Wasser der Flüsse und Bäche zu trinken, lässt einen
heutzutage erschauern. Denn es ist mehr als nur eine Annahme, dass allerlei
Unrat in diese Bäche geflossen ist, nachdem sie aus dem unberührten Hochgebirge herausgetreten waren. Die Gefahr, schwer zu erkranken, war in jedem
Fall groß. Doch es kommt noch schlimmer:

*Die Wohltat und den Wert davon zu empfinden, musst Du Dich von den Eng-*
*ländern einmal nach Amerika transportieren lassen, wo man in dem stinken-*
*den Wasser fingerlange Fasern von Unrat findet, die Nase zuhalten muss,*
*wenn man es durch ein Tuch geschlagen trinken will …*

Diese Reisenotizen von Johann Gottfried Seume können auch sehr eindrucksvoll belegen, unter welchen Umständen die Wanderer – auch die Alpenwanderer – in der ersten Hälfte des 19. Jahrhunderts unterwegs gewesen
sind. Das Fußreisen war ein großes und gefahrvolles Abenteuer. Und Idylle
gab es kaum – zumindest nicht in der Art, wie wir es heute als idyllisch empfinden.

In Venedig angekommen, verändert sich Seumes Sichtweise zunehmend.

Er betrachtet und erlebt die Lagunenstadt zunächst noch unter kulturhistori-
schen und kunstgeschichtlichen Aspekten. Und er lässt sich fesseln und bezaubern bei seinen Streifzügen über die unzähligen Brücken der Stadt. Aber
der Mythos Venedig ist das eine; die Realität etwas ganz anderes:

*Das Traurigste ist in Venedig die Armut und Bettelei. Man kann nicht zehn*
*Schritte gehen, ohne in den schneidendsten Ausdrücken um Mitleid angefleht*
*zu werden; und der Anblick des Elends unterstützt das Notgeschrei des Jam-*
*mers. Um alles in der Welt möchte ich jetzt nicht Beherrscher von Venedig*
*sein; ich würde unter der Last meiner Gefühle erliegen.*

Dieses Zitat mag helfen, die Welt und die Zeit, von der hier die Rede ist, mit
klarerem Blick zu sehen.

Als Seume aus dem Süden zurückkommt – er hat dort, was keine geringe Leistung war, den über 3300 Meter hohen Ätna bestiegen: *man muss steigen, und*
*zuweilen klettern, und zuweilen klimmen … Es scheint nur noch eine Vier-*
*telstunde bis zur höchsten Spitze zu sein … Hier standen und saßen und lagen*

wir, halb in dem Qualm des aufsteigenden Rauchdampfes eingehüllt, und keiner sprach ein Wort, und jeder staunte in den furchtbaren Schlund hinab, aus welchem es in dunkeln und weißlichen Wolkendumpf und wütend herauftobte –, macht er sich, von Mailand in den Tessin einziehend, an die neuerliche Überquerung der Alpen, diesmal von Süd nach Nord.

*Von Mailand hatte ich die beschneiten Alpen mit Vergnügen gesehen und nun nahte ich mich ihnen mit jedem Schritte, und kam bald selbst hinein.*

Spätestens hier, bei seiner neuerlichen Alpenüberschreitung, straft Seume all jene Historiker und Literaturwissenschafter Lügen, die ihm später jegliches romantische Empfinden absprechen wollten. Seume schwelgt in seiner Niederschrift, die er in der „Zwischenstation" Zürich verfasst, und er steht damit den enthusiastischen Alpenwanderern späterer Jahrzehnte in nichts nach.

Bei seinem Anstieg zum Gotthard hält er sich nah am Fluss Ticin. Wasser, das aus dem Gebirge kommt, hatte es ihm von jeher angetan. So auch hier.

*Mein größter Genuss waren überall die Alpenquellen, vor denen ich selten vorbei ging ohne zu ruhen und zu trinken, wenn auch beides eben nicht nötig war, und in den Schluchten um mich her zu blicken, und vorwärts und rückwärts die Gegenstände festzuhalten. Jetzt schmolz eben der Schnee auf den Höhen der Berge, und oft hatte ich vier bis sechs Wasserfälle vor den Augen, die sich von den nackten Häuptern der Alpen in hundert Brechungen herabstürzten …*

Er nächtigt in Airolo, der letzten Ansiedlung, knapp tausend Meter unterhalb des Passes gelegen.

*Zwei Tage war ich beständig bergauf gegangen; Du kannst also denken, dass der Ort schon auf einer beträchtlichen Höhe steht. Rundumher sind Schneegebirge, und der Ticin bricht rauschend von den verschiedenen Abteilungen des Berges herab. Ich schlief unter einem Gewitter ein; ein majestätisches Schauspiel hier in den Schluchten der höchsten Alpen. Der Donner brach sich an den hohen Felsenschädeln, und rollte sodann furchtbar durch das Tal hinunter, durch das ich heraufgekommen war.*

Am 18. Juni 1802 steigt Seume, begleitet von einem gutmütigen Herumtreiber, der ihm gegen Zahlung von Kost und Logis den Tornister trägt, in zwei Stunden steil hinauf zum 2108 Meter hohen Gotthardpass, jenem Alpenübergang,

*Die Teufelsbrücke am Gotthard, E. Th. Compton*

der bereits zur Römerzeit genutzt wurde (allerdings nicht hinab durch die Schöllenenschlucht) und der als *der* Passweg galt und gilt, den Norden und den Süden in idealer Weise zu verbinden.

*Es war nach dem Gewitter sehr schlechtes Wetter, kalt und windig, und in den obern Schluchten konnte man vor dem Nebel, und noch weiter hinauf vor dem Schneegestöber, durchaus nichts sehen; links und rechts blickten die beschneiten Gipfel aus der Dunkelheit des Sturms drohend herunter. Nach zwei starken Stunden hatten wir uns auf die obere Fläche hinaufgearbeitet, wo das Kloster und das Wirtshaus steht ... Als ich oben gefrühstückt hatte, ging ich nun auf der deutschen Seite über Sankt Ursel, durch das Ursler Loch und über die Teufelsbrücke herab.*

Diese Teufelsbrücke, die auf dem Weg zwischen Andermatt und Göschenen die Reussklamm überwindbar macht, ist nicht nur ein grandioses Bauwerk inmitten beeindruckender Urnatur. *Denke Dir das Teufelswetter zu der Teufelsbrücke, wo ich links und rechts kaum einige Klafter an den Felsen in die Höhe sehen konnte, und Du wirst finden, dass es eine Teufelspartie war: ich möchte aber doch ihre Reminiszenz nicht gern missen.*

Wenn auch zur etwa selben Zeit der Zürcher Künstler und Naturforscher Hans Conrad Escher von der Linth noch ganz andere Tagesetappen und Marschleistungen vorlegt, wie wir noch sehen werden, so ist doch auch Seumes Gang über den Gotthard ein gewaltiges Unternehmen: Mehr als 900 Höhenmeter Aufstieg zum Pass, 1600 Meter Abstieg bis zum Vierwaldstätter See, was dazu noch eine Streckenlänge von etwa sechzig Kilometern ergibt.

Ganz lakonisch notiert Seume: *Wir schlenderten eine hübsche Partie ab, da wir in einem Tage von Ayrolles* (Airolo) *den Berg herüber bis herab über Altdorf nach Flüren* (Flüelen) *am See gingen.*

Und dann erzählt Seume weiter, von seinen Bootsfahrten auf dem Vierwaldstätter See, von den Menschen und von historischen Begebenheiten in der Region. Er schildert seinen Weg über Luzern und Zürich nach Basel und hat dann endgültig die alpine Region verlassen.

Keine Frage: Im vielhundertseitigen Reisebericht „Spaziergang nach Syrakus 1802" nehmen die Alpen nur wenig Platz ein. Was nicht verwundern darf bei der Gesamtlänge der Wanderung.

Was aber doch überrascht, ist, mit welcher Begeisterung Seume diese alpinen Wegstrecken erlebt und beschrieben hat. Die Berge haben ihn, den alpenfern

Beheimateten, stark beeindruckt. Was er denn auch bei seinem Bericht von der Gotthard-Überschreitung besonders intensiv zum Ausdruck gebracht hat: *Welche Verschiedenheit der Gemälde hat nicht allein der Gotthard? Kornfelder wogen um seine Füße, Herden weiden um seine Knie, Wälder umgürten seine Lenden, wo das Wild durch die Schluchten stürzt; Ungewittern donnern um seine Schultern, von denen die Flüsse nach allen Meeren herabstürmen, und das Haupt des Adula schwimmt in Sonnenstrahlen.*

Und er sagt zudem etwas, was ihn endgültig zum Urvater des Wanderns, des Alpenwanderns macht. Einen Satz, den man wirklich in fettgedruckten Lettern präsentieren und ihn damit aus der Gedankenfülle des Seume'schen Werks herauskristallisieren muss:

*Es müsste das größte Vergnügen sein,*
*einige Jahre nacheinander Alpenwanderungen machen zu können.*

Dieses Vergnügen jedoch war Seume nicht vergönnt. Nicht nur, dass die Distanz zwischen seinem Wohnort beziehungsweise seinen Hauptaufenthaltsorten und den Alpen einfach zu groß war, er hatte auch bereits Jahre nach der „großen Wanderung" mit erheblichen gesundheitlichen Problemen zu kämpfen.

1803 war „Spaziergang nach Syrakus" als Buch erschienen; 1804 hatte er das Riesengebirge durchwandert; von 1805 an verband ihn eine fruchtbare Zusammenarbeit mit Friedrich Schiller und Christoph Martin Wieland am „Journal für deutsche Frauen". Eine Zusammenarbeit, die bis 1807 anhalten sollte – und mit deren Ende auch Seumes „beste Tage" zu Ende gingen.

Im Juni 1807 kam es zu einer schweren Blasen- und Nierenerkrankung, Gicht kam hinzu. Bald war er nicht mehr in der Lage, als Hauslehrer zu arbeiten. Und er geriet dadurch auch in finanzielle Schwierigkeiten.

In den nächsten beiden Jahren gab es zwar immer wieder gesundheitliche Verbesserungen – der Gesamtzustand aber blieb schlecht. Mit geliehenem Geld begab sich Seume zu Kuraufenthalten nach Teplitz.

Aber alle ärztliche Kunst vermochte ihm nicht mehr zu helfen.

Am 13. Juni 1810 starb Johann Gottfried Seume – der Schriftsteller, Journalist, Reisende und Wanderer.

Sein Buch „Spaziergang nach Syrakus im Jahre 1802" hatte zu diesem Zeitpunkt bereits eine zweite Auflage erfahren. Und es wurde, noch in Seumes Todesjahr, zum dritten Mal aufgelegt. Mit diesem Werk ist er in die Geschichte eingegangen. In die Literaturgeschichte, die Kunstgeschichte und, ein klein wenig zumindest, auch in die Alpingeschichte.

*Es müsste das größte Vergnügen sein, einige Jahre nacheinander Alpenwanderungen machen zu können.*

Literatur:

Johann Gottfried Seume: Spaziergang nach Syrakus im Jahre 1802
Vollständige Ausgabe nach der 2., verbesserten Auflage, Braunschweig und Leipzig 1805, 4. Auflage, München 1995
Hanns W. Eppelsheimer (Hrsg.): Petrarca. Dichtungen, Briefe, Schriften. Frankfurt a. M. 1980

# REISEN DURCH MERKWÜRDIGE GEGENDEN DER SCHWEIZ

## Notizen aus dem letzten Drittel des 18. Jahrhunderts

IM JAHR 1796 ERSCHIEN IN ST. GALLEN ein Buch mit dem durchaus bemerkenswerten Titel „Archiv kleiner zerstreuter Reisen durch merkwürdige Gegenden der Schweiz". Aus diesem Buch, dem 1802 ein zweiter Band als Fortführung des „Archivs" folgte, sollen einige bemerkenswerte, vielleicht sogar merkwürdige Passagen zitiert sein. Eine Einstimmung also auf das Alpenwandern im 19. Jahrhundert, um das es dann in der Hauptsache hier gehen soll.

*Vorrede*
*Bey dem grossen, fast unübersehbaren Heere der Reisebeschreibungen, deren Gegenstand die Schweiz überhaupt ist, hat man doch öfters schon den Wunsch geäussert: Dass auch die zerstreuten, einzelnen Gegenden dieses Landes im näheren Detail schildernden Reisen gesammelt werden mögten. Das gegenwärtige Archiv erfüllt diesen Wunsch. Zwar ist der Gehalt der Aufsätze verschieden. Nicht alle sind gleich reich an Interesse. Allein dieses liegt schon in der Natur einer solchen Sammlung. Die Quellen zeigte ich bey jeder Reise an. Die Aufnahme dieses Bandes wird für die Fortsetzung entscheiden.*
*Zur Ostermesse 1796. Der Herausgeber.*

Der erste Band von „Archiv kleiner zerstreuter Reisen durch merkwürdige Gegenden der Schweiz" beinhaltete u. a. folgende Schilderungen:
„Spaziergang auf den Pilatus-Berg"; „Bemerkungen auf einer Reise durch die Kantone Glarus und Appenzell. Im Jahre 1781"; „Reisen durch einzelne Gegenden von Graubündten"; „Der Rheinfall bei Schaffhausen" und „Reise über den Rigi-Berg und die vier Waldstädte."

Doch bevor ein solch früher Reisebericht exemplarisch herausgehoben sein soll, muss noch vorgegriffen werden. Denn im zweiten Band des „Archivs", dessen Herausgeber übrigens nicht mehr zu ermitteln war, findet sich etwas, das die Einstellung zum Bereisen und Erwandern der Alpen in jener Übergangszeit vom 18. ins 19. Jahrhundert eindrucksvoll darstellt: der durchaus bemerkenswerte Aufsatz „Versuch über die Art und Weise wie Schweizerjünglinge ihr Vaterland bereisen sollen".

Bei diesem Aufsatz handelt es sich ursprünglich um einen Vortrag des Herrn Pfarrers Bridel – wer immer auch das gewesen sein mag –, gehalten vor der Helvetischen Gesellschaft in Aarau.

Diese Helvetische Gesellschaft war 1762 gegründet worden, es gehörten ihr katholische und protestantische Denker und Gelehrte aus der ganzen Eidgenossenschaft an, und ihr Ziel war es, Freundschaft, Eintracht und Verbundenheit unter allen Schweizern zu stiften und zu fördern.

Unser Pfarrer Bridel hielt seinen Vortrag über die Vorzüge der Bereisung der Schweiz vor zahlreichen noch jugendlichen Männern. Was er zu erzählen hatte, mag uns Heutigen bisweilen Anlass zum Schmunzeln geben. Es zeigt zugleich, wie das Reisen, das Wandern und wie die Alpen in jener Zeit gesehen und eingeschätzt worden sind. Und somit bilden diese Auszüge aus Bridels Vortrag einen ziemlich guten Einstieg in die folgende Porträtreihe bedeutender Alpenwanderer zwischen 1800 und 1900. Oder, anders ausgedrückt, Hochwürdens Worte sind ein guter Anfang dieser langen, abwechslungsreichen, anregenden und unterhaltsamen Wanderung in alpiner Region.

Herr Pfarrer, Sie haben das Wort!

*Der Unterricht dringt eben sowohl durch die Augen als durch die Ohren ein. Dies ist eine unumstößliche Wahrheit und ich habe die Absicht heute diesen Grundsatz zur Erlangung einer unentbehrlichen Kenntnis – der Kenntnis unseres gemeinschaftlichen Vaterlandes – anzuwenden. Eine Kenntnis, die so vielen Schweizern fehlt, welche fremde Länder durchreisen, ohne nur den kleinsten Theil desjenigen gesehen zu haben, was in ihrem Vaterlande merkwürdig ist.*

Man erkennt schon: „merkwürdig" hatte in jener Zeit eine andere, wörtlicher zu nehmende Bedeutung als heute: etwas, das würdig und wert war, gemerkt, erinnert zu werden.

*Ich wünsche daher diejenigen von unsern jungen Leuten, welche eine bessere Erziehung genossen haben, dahin zu vermögen, vaterländische Reisen zu unternehmen; aber auf eine Art, dass sie auch Frucht und Nuzen daraus zögen.*
Anders als der Naturforscher Conrad Gessner, der im 16. Jahrhundert (!) für Wanderungen durch die Schweiz *alljährlich* einen vollen Monat empfohlen hatte, räumt Pfarrer Bridel ein, dass nicht jeder so viel Zeit erübrigen könne, ja vielleicht nur einmal im Leben zu solch einer Unternehmung Gelegenheit fände. *Ich beschränke mich also bey meinem Plane dahin, nur 6 bis 8 Wochen in der schönsten Jahreszeit zu begehren.*
*Ich glaube, dass Sie sich vor allem bemühen sollten, jene großen Natur-Erscheinungen zu betrachten, welche die Fremden von so weitem herkommen, bey uns zu bewundern – jene berühmten Eisberge, woraus der Rhein, die Rhone, die Aare, und der Tesin entspringen.*
Freilich genügt es dem geistlichen Herrn nicht, den jungen Leuten nur vorzuschwärmen von der Faszination des Gebirges, das ja in der Schweiz vor allem von den Viertausendern geprägt ist, von den gigantischen Gletscherbergen im Wallis, in den Berner und den Urner Alpen.
*Um unermessliche Landschaften zu übersehen, werden Sie sich auf den Gipfel einiger unserer Berge begeben, entweder in den eigentlichen Alpen oder auf den Jura … Hier werden Sie Zeugen der reizendsten aller Natur.*

Es scheint nun allerdings nicht so, als hätte Bridel auf einen reichen Erfahrungsschatz als Bergsteiger oder auch nur Bergwanderer zurückblicken können. Zwar empfiehlt er den Zöglingen, in Gruppen unterwegs zu sein und sich fürs Gebirge einen kundigen Wegweiser zu mieten, doch sagt er nichts von den Mühen und den Freuden des Wanderns im Gebirge, nichts vom Gefühl der Freiheit und schon gar nichts vom Abenteuer (bei Letzterem könnte sein Schweigen freilich ein berufsbedingtes gewesen sein).
Statt den Alpenblick über Gebühr zu preisen, empfiehlt er den jungen Männern ganz besonders, auf den Spuren der Erdgeschichte, der Geografie, Geologie, der Geschichte unterwegs zu sein. Im Wandern gereift, möge ein jeder sodann die berühmten Männer in den verschiedenen Kantonen aufsuchen. Und sich schließlich mit dem Zustand des Landbaues vertraut machen und nicht zuletzt mit der Politik.
*Mehr noch als die zierlichsten Reden wird zweitens eine solche Reise dem jungen Schweizer den Trieb einflössen, sein Vaterland, durch den Eindruck sei-*

*„Der Spithal auf dem Grimsel", 1811 nach der Natur gezeichnet von Hans Conrad Escher von der Linth*

*ner eigenen Erfahrung, lieben zu lernen, wenn er da bemerkt: wie groß das Ansehen der Geseze, die Achtung für den einzelnen Menschen, die Sicherheit der Personen und des Eigenthums sey …*

Natürlich hat Pfarrer Bridel ganz Recht damit gehabt, dass dem Wandern ein erheblicher pädagogischer Wert innewohnt. Dass Ausdauer und Instinkte geschult werden, dass ein Unterwegssein in eindrucksvoller, oft bezaubernder, bisweilen aber auch bedrohlicher Natur den Menschen zu läutern vermag und dass, im besten Fall, vom Bergwandern und Bergsteigen etwas Charakterbildendes ausgehen kann.

*Möchten doch die guten Hausväter ihren Kindern Mittel und Wege verschaffen, einen solchen nützlichen Spaziergang zu machen! … Möchte man in unseren Akademien und Gymnasien, Talentvollen, aber armen jungen Leuten, zur Aufmunterung eine Beysteuer zu solch nützlichen Ausgaben bewilligen … Möchte man es zu einem Zweig unserer National-Erziehung machen, unsere Kinder zu solchen Reisen vorzubereiten, ihnen Geschmack dafür einzuflössen und ihnen zu helfen, gute Frücht davon einzuerndten!*

Gut gesprochen, Hochwürden!

Nur war das Alpenreisen nicht immer nur erbaulich und auf angenehme Weise lehrreich und wertvoll für den weiteren Lebensweg. Als Beispiel für die Be-

schwernisse einer großen Alpenwanderung mögen Auszüge aus dem Bericht „Reise durch die Alpen und das Walliser-Land" dienen, aufgeschrieben von Jacob Samuel Wyttenbach, Pfarrer der Heilig-Geist-Kirche zu Bern, und ebenfalls gesammelt im „Archiv kleiner zerstreuter Reisen durch merkwürdige Gegenden der Schweiz".

Nicht mehr eruierbar ist, was der Anlass war für diese Alpenwanderung zu Fuß und mit der Kutsche. Wyttenbach brach jedenfalls in Begleitung einiger weiterer Männer in Meiringen auf. Er berichtet in Briefform von der Überschreitung des Grimselpasses und vom langen Weg über Brig, Visp, Leukerbad nach Siders, Sitten, Martiny und bis nach St. Maurice.

Ganz deutlich wird bei seinem Bericht, dass diese Alpenwanderer bereits fasziniert waren vom Hochgebirge; dass ihnen aber die Gefahren und die Mühsal weit mehr Sorge bereiteten als ihnen der Anblick der Urnatur Freude machte. Das Gebirge war ganz fraglos vor allem noch Ort des Schreckens, und eine Durchwanderung brachte stets ganz erhebliche Risiken mit sich. Allerdings war die Bereisung der Alpen nun immer mehr auch von Neugier motiviert, von Neugier und von Forscherdrang. Es wurde botanisiert, Steine wurden gesammelt, Skizzen angefertigt und dann, nach glücklicher Rückkehr in die zivilisierte Welt, wurde im bildungshungrigen Zirkel ausgiebig von der ambitionierten Unternehmung Bericht erstattet. Nichts blieb unerwähnt, denn für die meisten Zuhörer oder Leser war ohnehin alles neu. Und natürlich geizte kein Reisender damit, die Torturen seiner Wanderschaft auch deutlich hervorzuheben.

Die erste Aufzeichnung hat Wyttenbach im Hospiz auf dem Grimselpass niedergeschrieben, und zwar am 24. Juli 1771 – und gewiss ist jeder heutige Leser mehr als froh, dass sich die Zeiten geändert haben …

*Alles was ich hier um mich sehe, die traurige Wohnung, in welcher ich mich nun aufhalte, die unendlichen Lasten von Eis und Schnee, über die ich gestern kroch, nackte Felsen, die mich von allen Seiten umgeben, die todte Verwüstung, welche hier ihren Sitz aufgeschlagen zu haben scheint; alles erneuert in mir jene fürchterlichen Bilder, die mir die Reisebeschreiber von Nova Zembla, Island und Spitzbergen gemacht haben.*

Anhand der Aufzeichnungen des Pfarrers Wyttenbach, eines zweifellos belesenen und fantasiebegabten Menschen, lässt sich eine längere Wanderstrecke im alpinen Raum sehr gut nachvollziehen. Die in Briefform verfasste Nieder-

schrift ist detailgenau und voller spannender Momente. Sie ermöglicht uns Heutigen, uns um etwa 240 Jahre zurückzuversetzen und gleichsam mit Wyttenbach durchs Wallis zu wandern.

*Von hier* (Meiringen) *bis nach Guttannen sind die Wege meistens rauh, und oft ganz mit heruntergefallenen Felsstücken bedeckt; ein Uebel, welches hier oft große Viehweiden verwüstet und ganze Strecken Landes unbrauchbar macht. Man findet auf dieser Reise fast keine Spuren von Menschen, außer einem Bauernhofe und einigen kleinen Hütten, die aber oft entweder durch herabfallende Schneelawinen oder Steine zerschmettert werden. Nichts unterbricht die tödtliche Stille …*
Richtig ernst wird der Weg dann aber erst hinter Guttannen, auf Handegg zu, wo heute fantastische Plattenkletttereien ein Dorado für Enthusiasten der Reibungskletterei bieten.

*Ich sage Ihnen nichts von dem fürchterlichen Wege, der in dem festen Granit, aus dem alle diese Berge bestehen, über einem abscheulichen Abgrunde eingehauen ist, und die Helleblatte genennt wird. Als wir über dieselbe giengen, begegnete uns eine große Menge von Lastpferden und Mauleseln, die mit ihrem Gepäcke die ganze Breite der Straße so einnahmen, dass es unmöglich gewesen wäre, neben denselben weiter zu gehen … So abgemattet ich auch war, so hätte ich es doch nicht wagen dürfen, mich auf eines unserer Pferde zu setzen, weil diese Pfade so eng waren, dass wir auf einer Seite die steile Felswand, auf der andern aber einen fast unabsehlichen Abgrund, in dessen dunkeler Tiefe die Aare mit fürchterlichem Geräusche und wütenden Wellen durchfloße, vor uns sahen.*
Ganz ohne Zweifel: Wyttenbach war kein Berggeher, wie wenig später sein Schweizer Landsmann Hans Conrad Escher von der Linth. Er bereiste die Alpen, war aber noch nicht jener Typ Alpenwanderer, der, furchtlos, unerschrocken, oft auf eigene Faust durch die einsamen Bergtäler zog. Für Wyttenbach war die Durchquerung des Wallis eine sehr ernste Unternehmung, eine Reise, die für ihn kaum exotischer war, als es ein Vorstoß ins zentrale Afrika gewesen wäre. Überall lauerte Gefahr, Bedrohung, und wenn nicht dies, dann zumindest triste Komfortlosigkeit, ungewohnte Entbehrung. Und die Mühsal der Reise war noch groß!

*Durch die Hofnung, bald das Ende unsrer heutigen Reise erreicht zu haben, aufs neue belebt, verdoppelten wir unsre Schritte, und langten endlich halb gelähmt und bis zum Umsinken müde bey unserem Nachtlager an. So groß unser Vergnügen war, dass wir endlich an dem Ort unsrer Bestimmung angelangt waren, um der uns so nöthigen Ruhe bald geniessen zu können; so unangenehm war es für uns, eine schlechte und traurige Behausung, ein dunkles und melancholisches Zimmer, und eine Gesellschaft von irrendem Gesindel anzutreffen. Wie durften wir aber etwas besseres in einer solchen Wildnis erwarten? …*

An dieser Stelle stehen die drei Punkte, um Zeit zu geben, darüber nachzudenken, wie sich die Wahrnehmung des Alpinen verändert hat: eine rückständige Region vor langer Zeit, arm, karg, zivilisationsfern, Rückzugsgebiet auch für „irrendes Gesindel". Dann kam die heile Welt: das Gebirge als Region, in der – im Gegensatz zu den Städten – noch vieles in Ordnung war. Die Natur. Die Lebensweise der Menschen. Ihre Werte. Verklärte Idylle. – Und heute?

Nächstentags zog die Reisegruppe über den Grimselpass südwärts weiter.
*Wir sahen von Zeit zu Zeit Stangen ausgesteckt, welche dem Reisenden den oft ganz mit Schnee bedeckten Weg anweisen sollten; ein Gebrauch … welcher uns, obgleich schon viel Schnee weggeschmolzen war, an einigen Orten gute Dienste leistete.*
*Als wir auf die höchste ziemlich weite Ebene des Berges gekommen waren, sahen wir zu beyden Seiten des Weges die Gränzsteine zwischen Bern und Wallis. Hier ist das Land am wildesten, und scheint ein so wahres Ebenbild von Spitzbergen zu seyn, das es mich immer dünkte, ich sollte weisse Bären, Wölfe und Rennthiere sehen …*
*Aber welch eine weite Aussicht, mein Freund!*
*Man sieht eine lange Strecke von Urner-, Bündtner-, Walliser- und Mayländerbergen, die wegen ihrer beträchtlichen Höhe mit einander gleichsam um den Vorzug zu streiten scheinen. Hier erhebt die Furka ihr mit den prächtigsten Eislasten bekränztes Haupt, und sieht mit Verachtung auf die anderen Berge hinab. Dort zeigte sich in der größten Entfernung entweder der Gipfel des Gotthards selbst, oder aufs wenigste die höchsten Spitzen seiner Nachbarn …*

Es soll die außergewöhnliche Alpenreise des hochwürdigen Herrn gar nicht allzu viel analysiert und kommentiert werden. Der Originaltext, der hier freilich nur in Auszügen wiedergegeben werden kann, ist so aufschlussreich, dass eigentlich gar nicht viel hinzugefügt werden muss.

Schon aus den hier zusammengestellten Reise- und Berichtspassagen geht deutlich hervor, wie sich eine Alpenwanderung vollzog, welche körperlichen Beschwernisse sie mit sich brachte und welch enorme psychische Belastung damit verknüpft sein konnte. Wyttenbachs Überlieferungen schildern alle Sorgen, Ängste und Nöte, die er durchlebt und durchlitten hat. Das Besondere dabei: Diese Stimmungen setzen sich nicht fest wie schlechtes Wetter in einem Bergtal, sondern sie verflüchtigen sich, sobald der Wanderer die alpinen Wunder schaut. So ist denn die „Reise durch die Alpen und das Walliser-Land" nicht nur Dokument und historisch bedeutsam, sondern auch ein schon fast verloren gegangenes Stück Poesie.

*Ehe wir auf diesen so interessanten Standpunkt kamen, mussten wir oft über große Ebenen von Schnee gehen, deren durch die Stralen der Sonne verdoppelter Glanz für unsere Augen so schmerzlich war, dass wir genötigt wurden, dieselben mit schwarzem Flor zu verbinden.*

Vom Grimsel stieg die Gruppe hinab ins Wallis, erreichte die ersten Dörfer Oberwald und Unterwasen, und bald bestaunten die Wanderer jene für die Region so typischen Stadel:

*Das ganze Gebäude ruht auf hölzernen Säulen auf jede derselben ein großer, runder, einem kleinen Mühlsteine ähnlicher Stein gelegt, über dessen hervorstehende Fläche die Mäuse nicht hinüberkriechen und also dem Getreid und den Käsen keinen Schaden verursachen können.*

In Münster wurde beim Pfarrer übernachtet, weil im ganzen Ort niemand sonst war, der sie hätte bewirten können; alle waren zum Heumachen in den umliegenden Bergen.

Der Weg führte weiter nach Brig, das Wyttenbach als eine der schönsten Ortschaften des Landes bezeichnete, allerdings war die Bewirtung im besten Wirtshaus, das sie finden konnten, alles andere als erfreulich: *...wurden aber daselbst, wie beynahe überall in Wallis, so erbärmlich, so unsauber bewirthet, dass ich versichert bin, mir würde es mitten unter den sonst unreinlicheren Mingreliern und Kamschadalen besser angetroffen haben.*

Von Brig ging es weiter nach Leuk und ohne viel Aufenthalt gleich Richtung Leukerbad, zu den *berühmten Bädern*.

*Der Weg nach dem Leukerbad ist sehr beschwerlich; fast immer muss man bey drey Stunden in die Höhe, oft selbst über gefährliche Pfade, steigen …*

*Wir kamen noch lange vor Mittag glücklich, aber von der brennenden Hitze der Sonne abgemattet, bey den Bädern an, wo unser Aufzug, und das Gepäcke von Steinen, Pflanzen, blechernen Kästchen, Garnen zum Insektenfang, bey dem unwissenden Pöbel einen außerordentlichen Eindruck machte, und bey demselben wegen den Ursachen unsrer Reise die lächerlichsten Meinungen erweckten.*

Oh, dieser Pöbel, dieses unwissende Volk!

Gut nachvollziehbar ist Wyttenbachs Ärger über derlei Banausen. Zugleich aber macht diese Passage deutlich, wie exotisch die Alpenwanderer jener Zeit ihren Zeitgenossen erschienen sein müssen.

Und noch etwas ist bemerkenswert: Der Begriff Wandern war damals nicht darauf reduziert, den reinen Fußmarsch zu beschreiben. Die Wanderung war eine Form des Reisens, bei der das Zufußgehen eine wichtige Rolle spielte, sei es wegen schwieriger Wegabschnitte, sei es aus der Lust an der körperlichen Bewegung. Doch so „hilfsmittelfrei" wie das heutige Wandern ging es vor zweieinhalb Jahrhunderten nicht vonstatten. Für den Gepäcktransport wurden Lastpferde oder Mulis genutzt, und – soweit es die Wegabschnitte zuließen – sprach nichts gegen eine Fahrt in der Kutsche oder einen Ritt hoch zu Ross. Bedenken muss man dabei auch, wie die Ausrüstung beschaffen war: Im Vergleich zu heute war schon die Bekleidung voluminös und schwer und gar nicht so ohne weiteres in einem Rucksack unterzubringen. Zumindest dann nicht, wenn man für mehrere Woche unterwegs zu sein plante.

Wandern war also nicht puristisches Gehen. Wandern bezeichnete immer auch eine geistige Haltung: langsames Reisen, intensives Wahrnehmen, die Sinne und den Verstand gleichsam treiben lassen und wahr- und aufnehmen, was die Reise zu bieten hatte.

Zurück in Leuk, *zogen wir in ein Wirthshaus außer der Stadt, wo man einen Theil des hölzernen Daches, um Feuer zu machen, abreissen, und die Hüner mit langen Stangen von den Bäumen herunterschlagen musste, ehe wir etwas zum Mittagessen erhalten konnten.*

Es kostet einige Anstrengung, sich die Schweiz so vorzustellen, wie sie hier beschrieben worden ist. Natürlich, es geht hier nur um ein „Wirthshaus",

nicht um die ganze Schweiz. Und doch ist der Bericht voll von Belegen für ein besonders karges Leben, das im alpinen Raum geherrscht haben muss, ehe der Tourismus Einzug hielt.

*Die Stadt Sitten* – Wyttenbachs nächste Station auf der Reise durchs Wallis – *welche wir vormittags besahen, ist nicht gar reinlich, hat enge Gassen, in denen man oft sehr unangenehme Gerüche einathmen muss … Was mir aber sehr bequem scheint ist, dass ein jedes Haus mit seiner eigenen Nummer der Ordnung nach bezeichnet ist.*

Martiny hieß damals noch Martinach, und dort hielt die Reisegruppe Tage später ausgiebige Mittagsrast.

*Wir* wurden ziemlich gut bewirthet, mussten aber von unsrer Kammer herab das erbärmlichste und elendeste Schauspiel von der Welt sehen. Zehen bis zwölf der bedaurungswürdigsten Krüppel lagen, standen und krochen bey dem Wirthshause herum; die einen mit den erschrecklichsten Kröpfen, die ich jemals gesehen, mit drey bis vieren auf einmal, welche ihnen oft bis auf die Brust herunterhiengen. Andere waren stumm, andere lahm, und noch andere schienen ohne Verstand, ja fast ohne Empfindung an der feuerheißen Sonne zu liegen.*

Hinter St. Maurice – damals: St. Moritz – verließ Wyttenbach das Wallis.

*Von Vivis nahm ich, nachdem meine übrige Reisegesellschaft nach Lausanne verreist war, meinen Weg durch den Kanton Freyburg … Und so kam ich endlich den vierten August wieder nach Bern zurück.*

Ein etwa zweiwöchiger „Ausflug" in die Alpen nahm damit sein Ende. Die Wegstrecke von Meiringen über den Grimsel und dann durchs Tal der Rhone betrug, bis St. Maurice und unter Einbeziehung des Abstechers nach Leukerbad, mehr als 200 Kilometer.

Dankenswerterweise hat der geistliche Herr seine Erlebnisse festgehalten.

Dankenswerterweise hat sein Bericht Einzug gefunden in das Buch mit dem wundervollen Titel „Archiv kleiner zerstreuter Reisen durch merkwürdige Gegenden der Schweiz".

Dankenswert wäre es sicher, wenn es bald neu aufgelegt würde, wieder zugänglich und dem Vergessen entrissen wäre. Denn: Bei all dem Beschwerlichen, von dem Wyttenbach berichtet hat, und bei all den Missständen, die zu schildern er sich verpflichtet sah, ist seine Reise doch vor allem mit Gewinn und Genuss bis heute lesenswert.

*Zwar erblickten wir nichts, als erhabene Gipfel von ewigem Eis und Schnee, erstaunliche Schöke von Bergen, deren unendliche Lasten über einander gethürmt, und selbst dem Himmel gleichsam zu drohen schienen. Tausend Berge lagen vor unseren Augen. Das Telescop leistete uns fürtrefliche Dienste. Welch eine weite Aussicht, mein Freund!*

Literatur:

Archiv kleiner zerstreuter Reisen durch merkwürdige Gegenden der Schweiz. St. Gallen 1796
Max Mittler: „Pässe, Brücken, Pilgerpfade – Historische Verkehrswege in der Schweiz". Zürich/München 1988

## I. CONRAD ESCHER
### VON DER LINTH,
gebohren den 24ten August 1767. gestorben den 9ten Merz 1823.

# DIE ENTDECKUNG DES PANORAMAS

*Der Maler, Forscher und Alpenwanderer*
*Hans Conrad Escher von der Linth*

DAS WANDERN WAR NICHT IMMER EIN ZWECKFREIES TUN. Es gab Zeiten, da diente es nicht vordergründig der Erholung, Entspannung und Erbauung. Was das Gebirge, was die Alpen betrifft: Es gab eine Zeit, da war das Wandern vor allem dazu da, die Berge und Täler zu entdecken und zu erforschen.

Ein ganz besonderes Verdienst kommt hierbei jenem Hans Conrad Escher von der Linth zu, der die Alpen, dabei vor allem die schweizerischen und die west-österreichischen, kreuz und quer durchwanderte und dabei Hunderte von Skizzen, Zeichnungen und – was das Wesentliche ist – Panoramen anfertigte. Doch eins nach dem anderen.

Am 24. August 1767 kam Hans Conrad Escher von der Linth in Zürich zur Welt. Er entstammte einer angesehenen Familie, ansässig in der Limmatstadt seit 1385.

Seine Begabung fürs Zeichnen ist früh geweckt worden: *Zuweilen machte der Herr Praeceptor meinen Eltern einen Besuch und brachte mir allemal einen Bleystift, mit dem er mir eine Kirche zeichnete, die mir grosse Freude mach-te; wahrscheinlich ist dies der erste Grund zu meiner Liebe für Zeichnung; dann bald fieng ich an, diese Kirchen mit Dinte zu überziehen und gar bald zu illuminiren.*

So zu lesen in seinem heute nicht leicht zu findenden Lebensbericht.

Das Zeichnen, die Kunst, sollten aber nicht zum alleinigen Mittelpunkt in Eschers Schaffen werden – er war ein universell ausgebildeter Mann, ausge-stattet mit universalem Genius. Er studierte in Morges und Genf die franzö-sische Sprache, fand Zugang zu höchsten Kreisen der Wissenschaften und der

Künste, war geprägt von Jean-Jacques Rousseau, von Kant und Lavater. Und: er studierte in Göttingen Nationalökonomie (es hieß damals noch Kameralwissenschaften); somit erlangte er die Befähigung, seines Vaters Zürcher Krepp-Flor-Fabrik zu übernehmen und mit diesem „Brotkorb", wie er sich ausdrückte, wirtschaftliche Unabhängigkeit zu gewinnen. Diese Unabhängigkeit war die Voraussetzung dafür, dass er bald zahlreiche Alpenwanderungen unternehmen konnte, Jahr für Jahr.

Bevor man sich nun anschickt, ihm in die Alpen zu folgen, soll noch sein politisches Wirken erwähnt sein: Von 1796 an bekleidete er wichtige diplomatische und militärische Ämter und Funktionen, so zum Beispiel im gesetzgebenden Rat von Aarau (1798); als Kommandeur des Zürcherbataillons bei der Grenzverteidigung in Basel und bei Schaffhausen; als Kriegsminister (1802); als Mitglied im Kleinen und Grossen Rat zu Zürich (1814) und, bis zu seinem Tod, als Erziehungsrat in der Zürcher Regierung.

Daneben wirkte er als Diplomat beim Wiener Kongress, wo es um die Festlegung der Schweizer Grenzen ging. Und er engagierte sich gemeinnützig im sozialen wie im wissenschaftlichen Bereich.

So ist zu verstehen, dass die schweizerische Linth-Escher-Stiftung dieses Loblied auf ihn zu singen weiß: „Ohne Eschers Einfluss hätte die Schweiz heute ein anderes Bild!"

In seiner Vielseitigkeit war von der Linth ein Mann, der nicht auf den „Alpenwanderer" reduziert werden kann. Doch gerade dies steht im Mittelpunkt dieses Buches. Das darüber hinaus gehende Wirken kann immer nur gestreift werden. Idealerweise immer da, wo das gesellschaftlich orientierte Bestreben beeinflusst worden ist durchs Naturerleben – und umgekehrt. Die Alpen also.


„Es besteht kein Zweifel darüber, dass Escher zu seiner Zeit der beste Kenner des gesamten Alpenraums war", liest man in dem 2002 erschienenen Prachtband „Die ersten Panoramen der Alpen", herausgegeben von der Linth-Escher-Stiftung im Zusammenwirken mit der Zentralbibliothek Zürich und der Eidgenössischen Hochschule Zürich. „Von keiner anderen Persönlichkeit wissen wir von einer ähnlichen Leistung … Escher verfügte über eine erstaunliche Marschleistung. Er war ein großgewachsener Mann, von dem ein biederer Appenzeller einmal sagte: *In den Bergen klettert er wie ein Geißbub und in der Ebene geht er wie ein Metzger.*"

In der Tat ist es erstaunlich, welche enormen Strecken zur damaligen Zeit zu Fuß bewältigt worden sind. Vielleicht liegt es daran, dass die Menschen ans Gehen in viel größerem Maße gewöhnt waren, dass sie nicht von Kind auf mittels technischer Mittel transportiert worden sind, dass es zum Beispiel für Bergbauernkinder noch im 20. Jahrhundert durchaus üblich war, einstündige Schulwege zu Fuß zu bewältigen. Jedenfalls muss man sich in unserer heutigen Zeit nicht allzu viel auf Ausdauerleistungen im Bergsport einbilden.

Ein kurzer Blick in Eschers Autobiografie vermag die Art des Wanderns zur damaligen Zeit eindrucksvoll zu verdeutlichen: *Den 5. Juli 1795 Morgens verreiste ich frühe von Bellenz* – damit ist Bellinzona gemeint – *u. hatte im Sinn, über den Gotthard nach Hause zurückzukehren. Ich berechnete, dass 3 Tagesreisen erforderlich seyen, um auf Zürich zu kommen.* Dies entspricht einer ungefähren Streckenlänge von 200 Kilometern zuzüglich des Aufstiegs von Bellinzona (241 m) zum Gotthardpass (2100 m), also etwa 1900 Höhenmetern Aufstieg, und dabei ist das ganze weitere Auf und Ab im Verlauf des langen Weges noch gar nicht mitgerechnet. Doch es kommt noch eindrucksvoller: *Als ich an die Moseabrücke bey der Vereinigung des Misoxerthals mit dem Livinierthal kam, hielt ich stille und fühlte mich gereizt, den mir neuen Weg über den Berhardin u. die Via Mala einzuschlagen. Dieser Weg erfordert auch 3, aber bedeutend stärkere Tagreisen, dachte ich – aber dann kann ich meine kranke, älteste Schwester mit einem Besuch im Pfeferzbad* (Anmerkung: Bad Pfäfers unweit von Bad Ragaz) *überraschen; dies gab den Ausschlag, u. ich zog nun in das Misoxerthal nach Bünden hinein. In dem von großen Ruinen umgebenen Dorf Misox frühstückte ich, u. erstieg dann rasch den Bernhardin, in dessen Bergwirthshaus ich zu Mittag aß. Als ich bald darauf die Höhe des Passes erreichte u. jenseits auf das nicht tief unter mir liegende Dorf Hinterrhein herabsah, erkannte ich diese Scheidecke der Alpen als eine der niedrigsten und bequemsten zur Anlegung einer guten, selbst fahrbaren Straße über den Alpenkamm.*

*Rasch gieng es thalabwärts, u. da es noch helle war, als ich in Splügen anlangte, so zog ich noch weiter bis Sufers, wo ich mich dann freilich mit einem schlechten Nachtlager begnügen musste.*
Es waren dies also rund 70 Kilometer Fußmarsch und 1800 Höhenmeter am ersten Tag!

*Tags darauf war ich frühe wieder auf der Straße u. zog durch die wilde Rofflen
in das anmuthige Schamserthal, u. dann durch die gräßliche schwarze Fel-
senkluft der Via Mala auf Thusis herab, wo ich frühstückte. Noch war damals
die neben Thusis vorbeifließende Nolla ein Bach, der sich durch einen schönen Wiesengrund herausschlängelte und mit dem mitgeschwemmten Mer-
gel das Gelände düngte. Auch der weite Thalgrund von Domletschg, den ich
durchwanderte, war damals noch fruchtbar.*

*In Tamins ass ich zu Mittag und erstieg gleich nachher mit einem Wegweiser
den Kunkelspass, von welchem ich dann allein durchs Taminthal über Vettis
in die Felsenschlucht des Pfeferzbad herabzog, wo ich schon vor 5 Uhr anlangte. Der Badwirth, Herr Boxler, erkannte mich sogleich und führte mich
zu meiner kranken Schwester, die ebenso erstaunt als erfreut über mein Erscheinen war. Die Badgäste bey der Abendtafel hatten Mühe, mir zu glauben,
dass ich erst tags zuvor von Bellenz aufgebrochen sey.*

Ein solches Leistungsvermögen kommt uns heute beinahe unglaublich vor.
Die Strecke von Bern nach Zürich, etwa 120 Kilometer, ging Escher einmal am
Stück, ohne zu übernachten. Die Strecke von Zürich nach Basel, je nach Weg-
wahl sind das 70 bis 90 Kilometer, soll er ohne große Probleme an einem Tag
geschafft haben.

Für Escher war diese enorme Kondition Voraussetzung, sein überwältigendes
zeichnerisches Lebenswerk überhaupt schaffen zu können. Zwischen 1785 und
1823 durchwanderte er große Teile der westlichen Alpen, und überall fertigte
er Darstellungen der Landschaft an: Er wanderte im Säntisgebiet, an den
Churfirsten, im Kanton Glarus. Er zeichnete in Unter- und Oberwalden und
im Kanton Schwyz; er widmete seine Kunst dem Bündner Oberland, Grau-
bünden und Tessin. Er schuf Panoramen vom Wallis, in Savoyen und im Pie-
mont. Darüber hinaus im Veltlin, in der Lombardei und in Teilen der österreichischen Gebirgswelt.

Auf diesen Reisen, die er zum größten Teil zu Fuß ausführte, fertigte er mehr
als 1000 Zeichnungen, Panoramen und Karten an; dazu, in miniaturisierter
Handschrift, eine umfangreiche Sammlung von Notizen, die sich vor allem
mit der Beschaffenheit des jeweiligen Gebirges, mit Schichtenfolgen und Ge-
steinen befassen.

„Escher war ein Geognost. Im griechischen Sinn des Wortes war er ein ‚Be-
trachter' der Gebirge und der erste, der den ganzen Alpenraum kannte", urteilt

René Brandenberger, Herausgeber des großen Panoramenbuches. Diese Beurteilung mag etwas überzogen sein, schließlich ist nicht bekannt, dass Escher von der Linth die gesamten Ostalpen bereist hätte; auch fehlen die Panoramen der Dolomitengruppen, die ihn, den großen visuellen Geist, sicher aufs Höchste angeregt hätten.

Escher begann mit diesen „geognostischen Reisen" im Jahr 1791 – er ist gerade vierundzwanzig. Die erste große Unternehmung führte ihn durch Teile der Schweizer Alpenregion und durchs angrenzende Savoyen. Diese ausgedehnten Fußreisen führte er fort bis kurz vor seinem Tod im Jahre 1823.

Bereits im zweiten „Reisejahr" gelang ihm ganz Außerordentliches: Im Gotthardgebiet zeichnete er ein Panorama, wie es bis dahin noch keines gegeben hat – als Erster stellte er eine Alpenansicht als vollständige 360-Grad-Rundumsicht dar. Vom 2700 Meter hohen Fibbia oberhalb des Gotthard-Hospizes aus zeigt er die Runde bedeutender Alpengipfel: Gallenstock, Sustenhorn, Titlis, Lukmanier, um nur einige zu nennen.

Das mit Feder und Aquarellfarbe gezeichnete Panorama ist knapp zehn Zentimeter hoch – und beinahe drei Meter lang.

In seinen Reisenotizen schrieb Escher: *In Zeit von 2 Stunden zeichnete ich die ganze circular Aussicht dieser ungeheuren Alpenfirsten, die uns östlich u. westlich zimlich einschlossen. Nur gegen Sud Ost hatten wir eine ausgedehntere Aussicht gegen ferne Reihen von beschneiten Felsengebirgen, die in Bünden seyn mögen …*

Escher setzte einen Meilenstein in der Erkundung des Gebirges – und zugleich ein Meisterwerk von großer Genauigkeit und betörender Ästhetik. Stimmig die landschaftlichen Details, geradezu bezaubernd die leicht romantisierende Farbgebung auf diesem langen Bildstreifen. Man kann sich an diesem wie an den vielen anderen Panoramen aus Eschers Hand nicht sattsehen. Es sind Kunstwerke. Bei all der wissenschaftlichen Bedeutung, die den Panoramen damals noch zukam, waren und sind sie doch vor allem Kunstwerke eines originären Malers.

„Es ist erstaunlich! Hans Conrad Escher von der Linth, der große Schweizer Staatsmann und Philanthrop aus Zürich, hatte nie die Absicht Künstler zu sein", sagt René Brandenberger. „Dennoch hinterließ er ein zeichnerisches Gesamtwerk, das in seiner Art einzigartig ist und in der Kunstwelt erst seit kurzem gebührend gewürdigt und erkannt wird."

An künstlerischem Selbstbewusstsein allerdings hat es schon dem jungen Escher nicht gefehlt. Anlässlich einer Bildungsreise, die ihn zu Kunststätten in halb Europa führte, notierte er zu Peter Paul Rubens:

*… schade, dass nie reine Ideale seinen Pinsel belebten … auch die von den Engeln in den Himmel getragenen heiligen Jungfrauen sind nur fette Niederländerinnen, denen man lieber einen Tätsch in den weichen Hintern als einen Kuss auf den vollen Busen gäbe.*

Nun könnte man natürlich sagen, Eschers Panoramen seien Kunst und nur Kunst. Dabei wundervolle Reminiszenzen an die frühe Zeit der Alpenforschung, an eine geradezu romantische Zeit der Alpenentdeckung. Das wäre nicht falsch. Aber richtig wäre es eben auch nicht. Eschers Motivation war immer auch eine stark wissenschaftliche. Die zeichnerischen Resultate seiner großen Alpenwanderungen hatten wissenschaftliche Bedeutung. Schließlich fielen sie in eine Zeit, da viele alpine Vorstöße noch Entdeckungsreisen waren und „weiße Flecken" auf den Landkarten oder im Wissensschatz einer sogenannten zivilisierten Welt zu füllen vermochten. Dieser wissenschaftliche Wert besteht, allerdings unter anderen Vorzeichen, bis heute: „… auch dem Laien eröffnen seine Zeichnungen und Panoramen vielfältige Einblicke. In der kurzen Zeit von nur 200 Jahren hat sich das Erscheinungsbild der Alpen in Folge tektonischer Ereignisse oder durch Menschenhand erheblich verändert: Gletscher bildeten sich zurück, Wasserfälle wurden stillgelegt, Kirchen und ganze Dörfer sind in Stauseen verschwunden, Flüsse wurden korrigiert oder umgeleitet. So betrachtet ist Eschers zeichnerisches Gesamtwerk auch ein geschichtliches Dokument, das die Veränderungen der Landschaft im Laufe der Zeit vor Augen führt" (aus: R. Brandenberger: „Die ersten Panoramen der Alpen").

Escher war auf seinen Touren oftmals in Begleitung anderer Naturforscher unterwegs. Genauso häufig und mindestens so gerne jedoch durchwanderte er die abgeschiedenen Bergregionen auch ganz alleine. Das Alleinsein im Gebirge hatte er bereits in den frühen Jahren als Wohltat kennengelernt, und er hatte danach die letzten Vorbehalte dagegen abgelegt.

Es war im August 1785 in Chamonix. Er hatte sich von einem Begleiter getrennt und war auf eigene Faust weitergezogen – und das im Montblanc-Gebiet, das schon wegen seiner ungeheuren Dimension und der beeindruckenden Höhe seiner Berggiganten einen Menschen kleiner machen kann, als er eigentlich ist. Hier, am Fuß des höchsten Bergmassivs der Alpen, *fühlte ich mich ganz verlassen, zum ersten Male ganz mir selbst überlassen, entfernt von meiner Heimat*, notierte er in seinen Reisenotizen. Der Tag war schön, die Gegend, *die ich durchwanderte, abwechselnd u. unterhaltend u. meine gänzliche Einsamkeit wurde mir durch das Gefühl von völliger Freyheit u. Unabhängigkeit erträglich u. selbst angenehm gemacht.*

Unweigerlich kommt die Frage auf, wie ein Alpenwanderer in jener Zeit, wie Hans Conrad Escher von der Linth Ende des 18. und zu Anfang des 19. Jahrhunderts unterwegs gewesen ist. Welche Ausrüstung trug er mit sich? Wie war er ausgestattet? Wie fand er sich zurecht? Wie schützte er sich gegen die Gefahren des Gebirges und des Reisens?

Aus seinen Aufzeichnungen lässt sich gut rekonstruieren, wie sich Escher fürs Gebirge gekleidet hat und was er mit sich trug.

*Ausschnitt aus dem Pointe de Drôme Panorama, 1805 nach der Natur gezeichnet von Hans Conrad Escher von der Linth*

Am Körper hatte er einen Bergmannsanzug aus grobem, robustem Stoff, dazu ein Jackett mit langen Schößen, auf denen man auch gut über einen Abhang hinunterrutschen konnte.

Diese Art von Bekleidung schien die Bewohner von Zürich doch sehr zu verwundern – Escher zog es vor, meist in aller Frühe oder nach Einbruch der Nacht die Stadt zu verlassen bzw. in sein Domizil zurückzukehren, um den Blicken der Leute zu entgehen. Für sie war er ein Sonderling, ein Spinner – was umso schwerer wog, da er doch eigentlich aus einer hoch angesehenen Bürgerfamilie stammte.

„Nachdem er 1797 vor einem interessierten weiblichen Auditorium einen Vortrag über die Bedeutung der Gletscher gehalten hatte", schreibt Gustav Soler in dem 1974 von ihm herausgegebenen Buch „H. C. Escher von der Linth – Ansichten und Panoramen der Schweiz 1780–1822", „begann man ihn in Zürich mit anderen Augen zu sehen." Und er zitiert Escher: *Von nun an ärgerte sich niemand mehr, wann man mich mit Hammer, Barometer u. Bergstock im Reisegewand aus- oder einziehen sah, u. mein Ruf als Naturforscher war nun in Zürich gegründet.*

Der Gesteinshammer war denn auch zu seinem Markenzeichen geworden. Bei einem längeren Aufenthalt im Tessin – er hielt sich im dienstlichen Auftrag seines Vaters dort auf – nutzte er die Gelegenheit, auch gleich die Umgegend geognostisch zu erforschen. In jeder Minute, da er abkömmlich war, brach er mit seiner Bergausrüstung inklusive Geologenhammer auf in die eindrucksvolle Natur der Tessiner Bergwelt – *so erhielt ich allgemein den Namen il Signor Conrado col martello.*

Natürlich gehörten zu seiner Ausrüstung die Zeichenutensilien, Pinsel, Feder, Tusche, Aquarellfarben. Dazu ein einbeiniger Hocker, einem bäuerlichen Melkschemel nicht unähnlich. Auf diesem Einbein konnte er sich sitzend sehr gut drehen, was dem Anfertigen von Panoramen sehr entgegenkam. In den späteren Jahren führte er stets ein Fernglas mit sich, was ihm half, genaue Details in seine Bilder einzuarbeiten. Und: Er war bald auch ein Verfechter und eifriger Nutzer der Camera obscura, der Lochkamera, die ein flüchtiges Bild projizierte. Mittels dieses „Zeichnungsapparates" konnte sich Escher die Arbeit an den Panoramen erleichtern.

Wie es gewesen sein muss, damals, als Zeichner und Entdecker durch die Alpen zu wandern, erschließt sich wohl am besten, wenn man einige Aufzeichnungen von Escher in loser, ja ziemlich willkürlicher Folge zusammenstellt.

Daraus lässt sich im Kopf ein vortreffliches Bild vom Alpenwandern zu Anfang des 19. Jahrhunderts zusammensetzen.

Zum Bild „Ansicht des Alten Manns im Säntis von der obersten Höhe der Ebenalp" notierte Escher 1803:
*Wegen noch vorhandenem, etwelchen Schnee hatten wir einige mühsame u. gefährliche Stellen zum Klettern, um auf Ebenalp zu kommen, dann aber erstiegen wir frohen Muths die volle Höhe derselben …*

Über Hohenems in Vorarlberg, 1821:
*Das Hohenembserbad lieferte uns trefliches, erquikendes Logis, in welchem wir auch noch den Morgen des 28. August zum Theil in dem schwefelartigen Bad zubrachten. Das Badhaus ist an den unmittelbaren steilen Fuß des Vorarlberger Gebirges angelehnt …*

Geognostisch betrachtet er die „Ansicht der Gebirge auf Ammon (Amden) am Ende der rechten Seiten des Wallensees von der Ecke des Eingangs ins Glarnertal" im Jahr 1803:
*… diese merkwürdige Veränderung der Schichteneinsenkung an dieser Gebirgsecke … ist so auffallend deutlich, dass diese seltsame Lagerung auch dem ungeübten Beobachter auffallen muss.*

Im Val Blenio, 1817:
*… fanden wir die einsame Hütte des alten Enzianbrenners … hier frühstückten wir begierig mit Brod u. mit hellem Wasser gemengten Enziangeist …*

Über die „Capelle von Kalfeusern" notiert er 1821:
*… wahrscheinlich daher rühren mancherley Sagen über das Riesengeschlecht, welches dieses Thal bewohnt haben soll … wir waren daher sehr begierig, dieses Beinhaus zu besuchen, fanden es, krochen hinein u. fanden da eine schöne Zahl von Schaedeln u. andern Menschenknochen …*

Zum Bild „Hirzli Panorama" von 1807 findet sich in seinen Reisenotizen:
*… die Ansicht des schönen Zürichsees, der March u. des Gasters, die man wie eine Landkarte unter sich erblickt, contrastiren angenehm mit jener weitläufigen Gebirgsaussicht die man von diesem Standpunkt geniest …*

Am Lauteraarhorngletscher, 1806:
*… als ich ungefehr 1¼ Stund weit auf diesem merkwürdigen, flachen Gletscher des Lauteraarthals vorgedrungen war, so setzte ich mich auf einen grossen Felsenblock u. zeichnete die merkwürdige Aussicht des Hintergrunds dieses vergletscherten Thals.*

Als er 1815 die „Glatten Aussicht Ost" nach der Natur zeichnet, hält er tagebuchartig fest:
*… aber wir fanden uns bey schon sehr vorgerückten Nachmittag auf einer furchtbar unwirthbaren Gebirgshöhe von welcher wir keinen gefahrlosen Rückweg kannten … unser Führer ging auf Recognoscierung … bald kam er mit beruhigender Nachricht zurück …*

Zur Ansicht „Unterer Grindelwaldgletscher" schrieb er sich 1813 in die Kladde:
*… von da zogen wir uns an den steilen waldigen Fuss des Eigers hin, an dem wir hoch anstiegen, um den unteren Gletscher zu überhöhen … der sich vor etwann 30 Jahren noch bis in den Thalgrund herab … erstreckte …*

1815 im Bisistal, Kanton Schwyz:
*… wir zogen uns nun in das noch von keinem Reisenden beschriebne Bisisthal hinein … ihre Bewohner leben … einfach u. eingeschränkt in grossen Familien von mehreren Generationen patriarchalisch vereinigt … alles lebte freundlich untereinander u. die Spuren des Alters waren so wenig sichtbar, dass wir Vater u. Söhne, Frau u. Schwestern, Mann u. Schwager kaum unterscheiden konnten …*

Am Lagi di Lucrendo, 1796:
*… alles ist öde und die Natur scheint in diesem Thale erstorben zu seyn – kalt ist das Gemählde der Gegend, welches sich im dunklen, spiegelglatten See bildet.*

Zur „Ansicht des Titlis", wie Escher sie 1810 gesehen und skizziert hat:
*… am meisten fällt der ganz nahe Titlis auf, der ganz scheüsslich vergletschert ist … noch wirft man einen dankbaren Blik auf das auch von hier noch sichtbare Kloster Engelberg herab, ehe man diesen Theil der Aussicht verlässt.*

Erstaunliches über die Montblanc-Region um 1816:
*… das grosse Dorf Chamonix war von Engländern so angefüllt, wie wann es eine englische Collonie wäre … den 8. August morgens hatten wir Mühe, das Frühstück u. etwas Speisevorrath zusammen zu bringen, um … die Wanderung nach dem Montanvert anzutreten.*

Und schließlich der Montblanc aus anderer Perspektive. Diesmal um 1803:
*… alles was ich bis jetzt noch in den Alpen sah, kommt der Grösse u. Majestät des Anblicks der Mont Blanc Kette von diesem Standpunkt aus, bey günstiger Beleuchtung betrachtet, nicht zu.*

Was mit Eschers Wanderungen immer verbunden blieb, waren die Gefahren, die das Gebirgsreisen mit sich brachte (und die in den obigen Notizen auch schon leise anklingen). Zum einen die sogenannten objektiven Gefahren, die nicht durch den Wanderer oder Bergsteiger verursacht werden, sondern vom Gebirge selbst ausgehen. Gefahren wie Wetterstürze, Lawinen, Steinschlag. Zum anderen die subjektiven Gefahren, die als vom Subjekt ausgehende Bedrohung, als von menschlichen Fehlern verursachtes Risiko bezeichnet werden kann.

Dramatisch war eine Begebenheit am Tödigletscher in den Glarner Alpen:
*Sowie wir aber höher stiegen, fand sich allmählig Schnee auf dem Gletscher ein; indessen waren doch noch die Eisschrunden hinlänglich durch Vertiefung kenntlich, um ihnen ausweichen zu können, u. wir folgten mit gehöriger Vorsicht unserem Führer. … auf einmal lief eine dünne, über eine breite Eisspalte hin liegende Schneekruste unter mir weg – indem ich mich sinken fühlte, streckte ich meine Arme weit aus u. sank so in den Abgrund herab, dass ich nur an meinen ausgestreckten Armen hängen blieb. Meine Begleiter fassten mich sofort an den Händen u. strengten alle Kräfte an, mich herauszuziehen, aber ungeachtet ich mich ebenfalls auf jede Art zu heben versuchte, da ich für meine Füße weder unter mir, noch vorwärts oder rückwärts in der schauerlichen Eiskluft einen Standpunkt fand, sondern ganz frey in der Öffnung der dünnen Schneekruste hieng, war diese Hülfe vergebens.*

Die Alpenstangen, in früherer Zeit den Wanderern und Bergsteigern vorzügliche Hilfsmittel, waren in diesem Fall lebensrettend: Unter den Armen durchgeschoben, konnten sie den in prekärer Lage befindlichen Escher stabilisieren.

*Auf diesen Stöcken hob ich mich allmählig in die Höhe, so dass ich bald mit der obern Hälfte des Körpers wieder außer der Schneeöffnung war, mich vorwärts bog u. so ganz aus dem schauerlichen Abgrund kroch, in welchem ich gefährlich geschwebt hatte … Als ich, schon wieder gerettet, neben meinen Begleitern stand waren diese kaum noch gefasst; nur mein froher Zuruf, uns alle durch ein Schlückgen Kirschwasser zu stärken, stellte den Frohsinn wieder her.*

Selbst ein ortskundiger Führer konnte auf einem Gletscher keine wirkliche Sicherheit garantieren. Immerhin vertraute sich Escher im Hochgebirge oft diesen Führern an, und in weniger alpinistischem, ihm dennoch aber unvertrauten Terrain versicherte er sich der kundigen Unterstützung sogenannter Wegweiser. Das waren zumeist Hirten oder Älpler, mit ihrer alpinen Region bestens vertraut und von daher in der Lage und willens, gegen ein kleines Entgelt den Naturforscher, Zeichner, Alpenwanderer Escher aus Zürich zu einem wenig bekannten Gebirgsübergang oder durch ein verborgenes Hochtal zu führen.

Was immer blieb, war die Gefahr durch Wegelagerer und Räuber. Die Alpenrouten boten ihnen ein ideales Betätigungsfeld. Aus ihren Verstecken konnten sie die Herannahenden schon lange ausspähen, sie konnten sie überfallen, meist ohne von Dritten dabei beobachtet zu werden, und sie konnten im schwer zugänglichen Gelände des Gebirges schnell verschwinden – und es war für niemanden leicht, dann noch die Verfolgung aufzunehmen.

*Meine sorgsamen Hausleute warnten mich gegen die Gefahren meiner einsamen Spaziergänge wegen mehrerer Räubereyen, die in den letzten Tagen in den Umgebungen statt gehabt hatten …*

Diese Warnung wurde im Tessin ausgesprochen – woanders wäre sie genauso ratsam gewesen. Allerdings blieb Escher immer unbehelligt. Was an ein Wunder grenzt, wenn man bedenkt, wie viel er sich in der gebirgigen Einsamkeit aufgehalten hat. Wie oft er allein, dabei stets unbewaffnet, unterwegs war.

Das Glück muss mit ihm gewesen sein. Sein ganzes Alpenwandererleben lang … Unter keinem so glücklichen Stern hingegen stand sein privates, sein familiäres Leben. Vielleicht aber war es genau diese Problematik, diese Unerfülltheit, dieser schwebende Zustand des oft unfrohen Daseins, der ihn so häufig in die Berge trieb und dem die Nachwelt also viele von Eschers Werken zu verdanken hat.

An seinem 22. Geburtstag hatte Hans Conrad Escher von der Linth die ein Jahr jünger Regula von Orelli geheiratet. Keine Vernunftehe, wie sie in höheren Kreisen nur allzu üblich war. Eine Liebesheirat.

Doch das Zusammenleben gestaltete sich viel schwieriger, als es die große gegenseitige Zuneigung hätte annehmen lassen. Es wäre zu einfach, nur der jungen Frau daran die „Schuld" zu geben. Doch deuten alle Überlieferungen darauf hin, dass sie mit erheblichen psychischen Problemen zu kämpfen hatte. Escher fühlte sich von ihr allein gelassen; an seinen Interessen nahm sie wenig Anteil. Dennoch blieb er ihr engst verbunden, selbst in schwersten Krisen, da ihm ihre *gichterischen* Anfälle heftiger Launen beinahe unerträglich waren. *Übertriebne Sorgfalt für den innern Glanz des Hauses, durch Abwaschen der Stubenböden u. Abreiben aller Thüren, Mobilien usw. erhob sich zur Leidenschaft, daher jeder kleine Fleck zu den heftigsten Auftritten mit den Dienstboten Anlass gab …*

Aus seinen Aufzeichnungen ist zu entnehmen, dass Escher seiner schwierigen Gefährtin immer die Treue hielt, ihr immer in tiefer Zuneigung verbunden blieb. Aber er brach aus dem goldenen Käfig aus und begann, die Alpen häufiger und regelmäßiger zu durchstreifen. Nicht etwa, dass sein Interesse für die Naturkunde, die Mineralogie und das Zeichnen nicht schon zuvor ausgeprägt gewesen wäre. Nun aber ist sein ausgiebiges Wandern triftiger begründet als nur im Interesse für die Sache.

*… ich wurde allmählig selbständiger thätig … fieng an, mit Eifer zu studiren … diese Erhebung meiner selbst schien … zweckmäßig auf meine Gattin einzuwirken – meine häufigen Abwesenheiten, größere Thätigkeit, ruhigere Stimmung bewiesen ihr meine größere Unabhängigkeit von ihr, u. ich glaubte bald etwas mehr Sorgfalt in ihrem Betragen zu beobachten, um mich weniger zu kränken u. ihren Unmuth zu bezähmen.*

So ist denn auch zu verstehen, dass es Escher bald nach der Geburt seiner Tochter Julia – die Eschers bekamen sieben Töchter und zwei Söhne; einer der Söhne und zwei Töchter starben bereits im Kleinkindesalter – wieder in die Berge zog. In seinen Erinnerungen findet sich eine geradezu anrührende Passage:

*Glücklich kam meine Gattin den 23. Juli 1794 mit einem dritten Mädchen Julia nieder – ich hatte einen Knaben erwartet u. erhofft … Mit treuer Sorgfalt pflegte ich noch meine Gattin in ihrem Wochenbette bis zu ihrer beruhigen-*

den Herstellung – dann aber trieb mich eine innere kräftige Sehnsucht nach meinen lieben Alpen …

Mit den Jahren soll sich der Zustand von Eschers Frau immer mehr gebessert haben. Damit verloren seine ausgedehnten geognostischen Wanderungen jenen Fluchtcharakter, der ihnen zweifelsohne auch innegewohnt hatte. Doch sie blieben Bedürfnis und wurden zur lieben Gewohnheit, der Escher bis nahe an sein Lebensende nachging.

Dieses Leben, finanziell ohne Sorge, war jedoch geprägt von immensem Schaffen – und das nicht nur als Erforscher und künstlerischer Chronist der Alpen. Ein Tageslauf sah, laut Escher, ungefähr so aus:

*Morgens um 5 Uhr stehe ich auf u. widme die erste Stunde des Tags dem Studium der Geologie, die allmählig meine Lieblingswissenschaft zu werden anfängt u. mit hohem Interesse betrieben wird. Die zweyte Stunde ist den Nebenzweigen dieser Wissenschaft, der Mineralogie, Physik, Reisebeschreibungen usw. gewidmet … Gewöhnlich wecke ich dann meine Gattin am Ende dieser Stunde auf … Dann geht durch Reinlichkeitssorge und Frühstück meist eine Stunde verloren … Dann habe ich noch eine Stunde dem Briefschreiben oder der italienischen Sprache oder verschiednen Anordnungen zu widmen. Der übrige Rest des Vormittags gehört meinem Berufe als Kaufmann, den ich so eifrig betreibe, als es die Verhältnisse gestatten.*

*Nachmittags zeichne ich eine Stunde; die 2te ist dem mühsamen Studium der Algeber, die 3te dem langweiligen Eydgenössischen Recht gewidmet. Diejenigen Abende, welche mir die Wohlthätige Gesellschaft oder die Knabengesellschaften nicht wegnehmen, sind dem fleißigen Studium der politischen Wissenschaften bestimmt … Einen kleinen Theil des Abends schenke ich der abgebrochenen Lectur verschiedener coursirender Alltagsschriften … Meist ist abends das liebe Nettchen um mich, das neben mir spielt u. mich oft durch seine zärtlichen Zurufungen zerstreut …*

Es war das Leben eines Universalgelehrten. In Escher verband sich vielfältiges Wissen mit großer Herzensbildung, unternehmerisches Denken mit hohem sozialem Bewusstsein.

Doch zweifellos hatte er sich sehr viel zugemutet, sehr viel aufgebürdet. Seine Gesundheit begann zu ermatten. Im Frühjahr 1822 traten erstmals Darmprobleme auf, Beschwerden, die Escher als „hämorrhoidal" bezeichnete.

Die Probleme wurden rasch größer. Ein Kuraufenthalt in Baden brachte kaum

Linderung. Nächste Station: Leukerbad. Natürlich ging Escher auch dorthin, wo er genesen sollte, zu Fuß: Über den Brünig nach Kandersteg, dann über den Lötschenpass ins Lötschental und weiter nach Leukerbad.

Nicht in Leukerbad, nicht in Genf, nicht in Basel konnte Eschers Gesundheit wiederhergestellt werden. Bei den „hämorrhoidalen Beschwerden" handelte es sich um Krebs.

„Die anschließende Reise zu Fuß und im Wagen, die letzte seiner vielen Gebirgswanderungen, über den Simplon nach Mailand und über den Splügen zurück nach Zürich, übersteht er noch ohne besondere Mühen", schreibt Gustav Soler.

Doch im Herbst des Jahres 1822 schwanden Eschers Kräfte zusehends.

*Einen Blick vorwärts in die nähere oder entferntere Zukunft wage ich nicht zu tun,* schrieb er am 1. Januar 1823. *Lange genoss ich die schönsten und glücklichsten Tage, jetzt sind die beschwerlichen eingetreten.*

Am 9. März 1823 verstarb Hans Conrad Escher von der Linth im Alter von 56 Jahren.

Die Alpen, zumindest deren westlichen Teil, hatte er durchwandert wie nie jemand zuvor. Er hatte sie gleichsam in sich aufgenommen; ihre Formen, ihre Farben, ihre Stimmungen. Und ihm gebührt das besondere Verdienst, all dies nicht für sich behalten, es nicht nur für sich erkundet und erlebt zu haben. In seinen wundervollen Panoramen entdecken wir bis heute – oder: heute mehr denn je – einen besonderen Zauber des Gebirges.

Literatur:

Linth-Escher-Stiftung (Hrsg.): H. C. Escher von der Linth: Persönlicher Lebensbericht 1767–1823. Mollis 1998
Hans Conrad Escher von der Linth: Reisenotizen. Hrsg. von der Linth-Escher-Stiftung auf der CD-ROM „Escher Digital". Mollis 2002
René Brandenberger (Hrsg.): Die ersten Panoramen der Alpen – Hans Conrad Escher von der Linth. Mollis 2002
Dr. Gustav Soler: H. C. Escher von der Linth – Ansichten und Panoramen der Schweiz 1780–1822. Zürich/Freiburg 1974
Max Mittler: Pässe, Brücken, Pilgerpfade – Historische Verkehrswege in der Schweiz. Zürich/München 1988

*Karl Albrecht Kasthofer*
*\* 26. 10. 1777 in Bern, † 22. 1. 1853 in Bern*

# DER WALD WAR IHM EIN OFFENES BUCH

## *Karl Albrecht Kasthofers ökologische Weitwanderungen*

Sie mögen es verzeihen, werte Leserin, werter Leser, dass nicht nur die kulturelle Bildungsreise und das lustwandlerische Bergerleben hier begutachtet werden können. Natürlich ist es ergötzlich, die wundervollen Panoramen des ehrwürdigen Herrn Escher von der Linth zu studieren, natürlich würde man viel lieber Herrn Seume nach Süden begleiten, nach Arkadien und ins Land, wo die Zitronen blühen, als durch den Bergwald zu stapfen, über Wurzeln zu stolpern, sich gar zu fürchten vor Mensch und Getier, welche sich hier, fernab der geordneten Dörfer und Städte, herumtreiben mögen.

Aber es muss sein! Denn jener Aspekt, der einer regen Nutzung der Alpen ökologisch ein Gleichgewicht bieten soll, ist nicht neu. Und notgetan hat er schon vor zweihundert Jahren. Damals war es jener Karl Albrecht Kasthofer, von dem jetzt die Rede sein soll, der mit diesem Aspekt im wachen Verstand und im Herzen lange Alpenwanderungen unternahm und dann ausführliche Berichte über das Gesehene und Erlebte schrieb. Wenn also einer verdient hat, hier als Ökologe gelobt und gepriesen zu werden, dann ist es dieser Kasthofer für seinen kritischen Blick und seine frühen Warnungen, dass alles einmal den Berg runtergehen werde (etwas salopp formuliert), wenn der Mensch, der in den Alpen lebte, leben wollte, meist leben musste, nicht wirklich verdammt aufpassen würde ...

1777 wurde Kasthofer zu Bern geboren. In Heidelberg und Tübingen studierte er Forstwissenschaften. Im Jahr 1806 wurde er Oberförster des Berner Oberlandes, und bald errichtete er in Unterseen eine Gebirgsforst- und Alpwirtschaftsschule. Fortan verfasste er zahlreiche Aufsätze, Lehrschriften, Bücher. Unter anderem „Der Lehrer im Walde. Ein Lesebuch für schweizerische Land-

schulen, Landleute und Gemeindsverwalter, welche über die Waldungen zu gebieten haben" (1828).

Besonders hervorzuheben sind seine ausgedehnten Alpenwanderungen und die daraus resultierenden Bände mit den, zugegeben, etwas sperrigen Titeln. So heißt Band eins

Bemerkungen auf einer Alpen-Reise
über den Susten, Gotthard, Bernardin
und über die Oberalp, Furka und Grimsel
Mit Erfahrungen über
Die Kultur der Alpen
Und einer Vergleichung des wirthschaftlichen Ertrags
Der Bündenschen und Bernischen Alpen
Nebst Betrachtungen über die Veränderungen
In dem Klima des Bernischen Hochgebirgs
eine Von der Schweizerischen Gesellschaft für die Naturkunde
Gekrönte Preisschrift
Von Karl Kasthofer
Aarau 1822

Die Pässe, die Kasthofer im Rahmen seiner ausgedehnten Wanderungen und Exkursionen überschritt, sind alles andere als rasche Übergänge von Tal zu Tal. Gotthard, Grimsel, Susten, San-Bernardino- und Oberalppass – sie sind alle über 2000 Meter hoch. Und der Furkapass erreicht gar eine Höhe von 2436 Metern. Was also bedeutete: große Wegstrecken und enorme Höhenunterschiede, die es zu bewältigen gab. Und dabei darf nicht vergessen sein, wie dürftig die Infrastruktur in jener Zeit gewesen ist und wie schwer die Reiseausrüstung, von der Kleidung bis zum Proviant.

Dass Kasthofer seine Wanderungen aus Zeitknappheit oft auch noch in ziemlicher Eile durchführen musste, geht aus dem „Vorbericht" hervor, mit dem er sein oben genanntes Buch eingeleitet hat:

*Die Beschreibung der Reise, welche der Verfasser im Sommer 1821 in Berufsgeschäften über den Gotthard und Bernadin, in Begleitung seiner Freunde und Schüler, der Herren Paul von Crousaz und Burger, nach Bünden gemacht, trägt das Gepräge einiger Eilfertigkeit. Ein Weg von hundert und sechzig Stunden musste in Zeit von nicht mehr als drei Wochen zurückgelegt werden.*

Was im Klartext heißt: Drei Wochen lang war an jedem Tag acht Stunden lang zu marschieren, dabei viel mühsames Bergauf und genauso viel gelenkstrapazierendes Bergab zu meistern. Und immer den Wald im Sinn: seine wirtschaftliche Nutzung und die zu entdeckenden Schäden, der Zustand seiner Schutzfunktion und die nötigen Maßnahmen, für Schutz und Wirtschaftlichkeit Hand anzulegen, aufzuforsten oder auszudünnen.

Am Beispiel seines Weges über den Gotthardpass soll Kasthofers besonderer Blick auf die Landschaft vermittelt werden. Es ist der Blick eines Einheimischen, der hier, inmitten der Berge, lebt und arbeitet. Es ist der Blick, der das Notwendige erfasst und dem das Gebirge nicht zuallererst Idylle und Faszinosum ist. Kasthofers Blick ist ein völlig „untouristischer"…

Ganz anders als der des Johann Wolfgang von Goethe, der sechsundvierzig Jahre zuvor ebenfalls am Gotthard unterwegs gewesen war, und der hier zitiert sein soll.

*Den 22sten, halb vier Uhr, verließen wir unsere Herberge, um aus dem glatten Urserner Tal ins steinige Liviner Tal einzutreten. Auch hier wird sogleich alle Fruchtbarkeit vermisst; nackte wie bemooste Felsen mit Schnee bedeckt, ruckweise Sturmwind, Wolken heran- und herbeiführend, Geräusch der Wasserfälle … Hier kostet es der Einbildungskraft nicht viel, sich Drachennester in den Klüften zu denken. Aber doch erheitert und erhoben fühlte man sich durch einen der schönsten, am meisten zu Bilde sich eignenden, in allen Abstufungen grandios mannigfaltigen Wasserfall, der … von Wolken bald verhüllt, bald enthüllt, uns geraume Zeit an die Stelle fesselte.*

So der reisefreudige Geheimrat im Jahre 1775. Naturschwärmerei gepaart mit genauer Beobachtung. Bei Kasthofer dagegen geht es, nachdenklich und ganz sachlich, (fast) immer um den Wald, den er als lebenswichtig für die Bergregionen und als überlebenswichtig für die Menschen, die darin leben, erkannt hat.

*Woher wohl diese gänzliche Entblößung des Reußtals an Baumwuchs vom Eingang in die Schöllenen bis auf den Gotthard, vom Krispalt bis auf die Furka rühren mag? Das ist nicht der Fön, der in solchem Maße dem Leben der Bäume verderblich würde; denn in der italienischen Schweiz, wo das Wehen dieses Windes noch fühlbarer ist, steigen auf mehrern Gebirgszügen sichtbar die Bäume noch höher, als im Bernischen Hochgebirge … Wurzeln und Stöcke von Wäldern der Vorzeit werden hier und dort im Reußtale aus dem Boden gegraben, und alte Sagen, die unter den Landleuten fortgeerbt wurden,*

*melden, dass, um die Schlupfwinkel der reißenden Tiere zu zerstören, die Vor-*
*ältern die Wälder angezündet haben. Noch jetzt zünden in dem nachbarlichen*
*Bünden bisweilen Landleute, nicht etwa aus Mutwillen Einzelner, sondern in*
*Folge von Gemeindsbeschlüssen, ganze Wälder an, nicht aus Furcht vor Bären*
*und Wölfen, sondern um durch die Brandasche den Boden der Berghänge zu*
*düngen, und so den Graswuchs und die Weiden zu vermehren.*

Kasthofer notiert hier etwas, das auch der Wiener Kyselak ein paar Jahre später auf seiner mehrmonatigen Fußreise durch Österreich sehen, erleben und
scharf kritisieren wird. Auch er erkannte in besonderer Klarsicht, wie gefährlich der Raubbau am Bergwald sich noch auswirken kann.
*Wenn einmal ein Waldort brennt,* so Kasthofer weiter, *wer setzt der Flamme*
*die Grenze, wie weit sie sich verbreiten, wie weit herum die übrigen Wälder*
*verschont bleiben sollen, in Berggegenden, wo so selten Windstille, wo so oft*
*Windstürme sind, wo der Bewohner jedes Dörfchens, das den Waldbrand sich*
*verbreiten sieht, sich des schönen Graswuchses tröstet, wenn schon auch sein*
*Wald vom Feuer ergriffen wird!*

Kasthofer ist als Alpenwanderer ein Vorfahr jener heutigen Naturschützer, die
sich um den Erhalt des sensiblen Lebensraumes Alpen sorgen und bemühen.
Würde er heute leben, Kasthofer würde mit größter Wahrscheinlichkeit eine
maßgebliche Rolle bei der Alpenschutz-Organisation CIPRA oder der „Al-
penkonvention" spielen. Institutionen, die so wichtig sind, um zwischen Al-
pennutzung und Alpenschutz immer wieder wenigstens ein labiles Gleichgewicht herzustellen.
Kasthofer brachte alle Voraussetzungen für eine solche Aufgabe mit: Er war
enorm kenntnisreich, mit den Abläufen in der Natur bestens vertraut, er verstand es, die Zusammenhänge zu interpretieren – und er war voll der Liebe für
die alpinen und hochalpinen Regionen.
*Auf der Höhe des Passes finden sich Büsche von üppig wachsenden Brenn-*
*nesseln häufig. Es könnte auf solchen Höhen diese Pflanze wohl künstlich ver-*
*mehrt und als Webepflanze benutzt werden. Im Granitsand der dürren fest-*
*getretenen Straße wächst überall das Adelgras und die Romeyen, und zwi-*
*schen dem Gestein die Mutteren. Wo die Felstrümmer mit weniger aus der*
*Verwesung von Flechten und Moosen entstandener Erde bedeckt sind, da sind*
*diese Felsen mit Alpenklee und der Sibbaldia überzogen. Kein Fleck von Erde*

*„Zirbe auf der Alp Languard", Gemälde von E. T. Compton (1914)*

ist in diesen Wüsten, auf dem nicht nützliche Pflanzen gedeihen könnten, wenn nur wenige Wochen lang der Boden von Schneelasten befreit ist, nur wenige Tage die Sonnenstrahlen wirken können. Aber noch sind seine Berghalden von Legföhren oder Droseln überzogen, und vom Sustenpass bis auf die Höhe des Gotthards wird ungern die Bergrose mit ihren lieblichen Blüten vermisst.

Folgt man Kasthofers Beschreibungen, folgt man also seinen Wegen, seinen Wanderungen, dann ist man gleichsam mit der Botanisiertrommel unterwegs.

Freilich nicht in der Art, wie es die Karikaturen immer wieder gezeigt haben, nicht als Schmetterlingsfänger und Kräutersammler außer Rand und Band, nicht als Blütenpresser aus Leidenschaft. Vielmehr als Sammler von Eindrücken und Gedanken, als Jongleur der Erkenntnisse und als „Spaziergänger" in einem tiefen Wissen.

*Airolo liegt … noch etwa zweihundert Fuß höher mithin als Grindelwald. Wie anders aber ist der Anblick des Livinertals, selbst hier in seinem raueren Teile! Die Lüfte milder; so klar als wie vom Wiederschein des reinen Himmels die Gewässer des Tessin; so malerisch die Formen und die Farben der Felsen von Stalvedra; und selbst der Wuchs der Getreidepflanzen scheint hier schon kräftiger zu werden. In Grindelwald wird selten oder gar kein Wintergetreide zu bauen versucht; hier ist Winterroggen das gewöhnliche Getreide.*

Kaum kommt Kasthofer einmal ins Schwärmen, nimmt er gleich wieder den Abzweig in Richtung sachlicher Betrachtung und gewissenhafter Niederschrift. Er schildert den Zustand der Wälder, ihre Zusammensetzung aus den verschiedenen Baumarten, er beschreibt die niedere Vegetation genauso wie die jeweiligen Formen des Anbaus. Er reflektiert über den Zusammenhang von Naturschutz und wirtschaftlichen Notwendigkeiten für die Menschen, die in den Gebirgstälern und auf den Bergbauernhöfen zumeist kein besonders leichtes Dasein führen. Ihm entgeht nichts, nicht Wildbestand, nicht Nutztierhaltung. Auch lassen ihn seine langen Touren treffliche Rückschlüsse auf die Lebensgewohnheiten der Bergbewohner ziehen: wie sie wohnen, wie sie arbeiten, von was sie leben – und wie sie die Zeit zubringen, in der es nichts Dringliches zu tun gibt.

*Weitläufige Ruinen bezeugen den Umfang und die Größe der Gebäude, die ehemals auf der Höhe des Passes der Gastfreundschaft heilig gewesen, und in denen … so viele Tausende in diesen Wüsten Obdach und Stärkung gefunden,* notiert er eine Begebenheit am Gotthard.

*… nur eine kleine Schänke steht noch bewohnbar. In dem mit Heiligen gezierten Gastzimmer schallte den Eintretenden ein fürchterlicher Lärm entgegen. Ein Trupp Liviner Bauern waren gedrängt um einen Tisch gelagert und spielten mit Gebärden der höchsten Leidenschaft ein schmutziges Kartenspiel. Mehrere waren betrunken. Welche Kontraste!*

Ja, welche Kontraste.

*Auf dem drei Stunden langen Wege von Hospital hierher, welche Stille, von keinem lebenden Wesen unterbrochen … Und nun in der ersten Wohnung, die ersten menschlichen Laute die Ausbrüche der rohen, gierigen Leidenschaft! …*

*Dem unwissenden, müßigen Menschen wird die Leerheit seines Innern so oft lästig, und wenn der Drang, der der Seele gegeben ist, nach Wechseln des Lebens, nach neuen Begriffen und Gefühlen, dann nur auf ein ewiges Einerlei seiner Umgebung stößt: So wird das Spiel zum Wohlbehagen und endlich zur Leidenschaft, der jene drückende Empfindung der eigenen Leerheit auf kurze Zeit weicht.*

Sein Fazit:

*Je roher, je müßiger und unwissender der Mensch, desto leichter und desto mehr wird das Spiel ihm zum Bedürfnis.*

*Der Körper will Spannung und Tätigkeit der Muskeln, und wo diese fehlt, gibt sie der Trunk. Der Geist will Spannung und Tätigkeit der Seelenkräfte, und wo diese fehlen, gibt sie das Spiel …*

All das war Kasthofers Sache nicht: nicht der Trunk, nicht das Spiel, nicht das Verbummeln der Zeit. Er ging auf in seiner beruflichen Tätigkeit und er empfand höchstes Vergnügen, allein oder in Begleitung weniger Menschen, im Schweizer Bergland zu wandern. Der Wald war sein Ein und Alles, war seine Berufung und war seine Erfüllung.

Denkt man heute über ihn nach, kommen einem unwillkürlich die Bücher jener raren Holzbibliothek in den Sinn, die nicht lange vor Kasthofers Zeit im oberbayerischen Ebersberg entstanden ist.

Ob ein Abstecher erlaubt ist? Aus dem Schweizer Hochland hinüber in die Region östlich von München, wo 1784 bis 1799 ein gewisser Candid Huber als Vikar gewirkt und sich zudem ganz intensiv mit Forstbotanik befasst hat. Dieser Vikar Huber kam auf die Idee, eine Holzsammlung anzulegen und ihr „ein interessantes Aussehen zu geben". Jeder Baum- und Strauchart, der er in seiner Region habhaft werden konnte, wollte er ein eigenes Buch widmen. So sammelte er die verschiedenen Bestandteile jedes interessanten Gewächses – und fasste alles in einem Buch zusammen: Die Außenseite der Bücher bestand aus dem Längsschnitt des Holzes, der Buchrücken war aus der Rinde gefertigt. Klappte man das Buch auf, so waren darin kleine Ast- und Wurzelstücke,

Samen, Blätter und Blüten versammelt. Auf insgesamt 143 verschiedene „Holz-bücher" brachte es Candid Huber. Und er sammelte nicht nur für sich selbst, er verkaufte seine handgefertigten Bibliotheken auch an Klöster sowie an ganz weltliche Interessenten. Einige der wundervollen Holzbücher des Candid Hu-ber sind heute im Ebersberger „Museum Wald und Umwelt" zu bestaunen – Kleinodien der Liebe zur Natur und der besonderen Beziehung des Menschen zum Wald.

Ob Kasthofer diese Holzbibliothek gekannt hat? Wie könnte man das heute noch wissen? Eines aber ist gewiss, er hätte sie geliebt, diese Bücher ganz aus Holz und mit dem Geruch des Waldes – seines Waldes.
Jedenfalls ist sehr gut vorstellbar, dass Kasthofer in seinen letzten Lebensjah-ren – er wurde fünfundsiebzig Jahre alt –, als er nicht mehr in der Lage war zu langen Exkursionen durch die Schweizer Waldlandschaften, in seiner Stu-dierstube saß und in einem der „Bücher" der Holzbibliothek „las".
Wie er über den Einband strich, wie er mit den Fingerspitzen am Buchrücken aus rauer Rinde entlangfuhr, wie er es behutsam aufschlug und sich sodann mit allen Sinnen dessen Inhalt hingab: schauend, fühlend, riechend.
Es wäre ihm zu wünschen gewesen, dass er in diesen besonderen Genuss ge-kommen ist – er, dem die Bäume so vertraut waren, dem der Wald als prägen-der Bestandteil der Berglandschaft so am Herzen lag.
Ein Denkmal müsste man ihm aufstellen. Ein Denkmal, umrahmt von lauter Bäumen, von Buchen, Eschen, Eichen und Bergahornen. Von Lärchen, Tan-nen, Föhren. Und ruhig auch von Fichten:

Karl Albrecht Kasthofer.
* 26. 10. 1777 in Bern, † 22. 1. 1853 in Bern.
Er kannte den Wald und die Berge.

Literatur:

Karl Albrecht Kasthofer: Bemerkungen auf einer Alpenreise über Susten, Gotthard, Bernardin …, Band 1. Bern 1822
Karl Albrecht Kasthofer: Bemerkungen auf einer Alpenreise über den Brünig, Bragel, Kirenzen-berg und über die Flüela, den Maloya und Splügen, Band 2. Bern 1825
Anne Feuchter-Schawelka: Candid Hubers forstwissenschaftliches Wirken in Ebersberg in: Der Landkreis Ebersberg – Geschichte und Gegenwart 3. Ebersberg 1991

# DIE „GRAND TOUR" DES JOSEPH KYSELAK

## Von Wien durch die Alpen nach Innsbruck

LEGENDE!

Wahrscheinlich nichts als Legende.

Dass nämlich der österreichische Kaiser Franz II. jenen Joseph Kyselak, von dem hier die Rede sein soll, zu sich rufen ließ, um ihm die Leviten zu lesen.

Hatte dieser Kyselak doch auf seinen Wanderungen um Wien und im Burgenland immer wieder seinen Namen mit schwarzer Ölfarbe und in großen Lettern auf Bauwerke oder Felsen geschrieben – stets an Orten, die von besonderem landschaftlichen Reiz waren.

„Kyselak", soll der Kaiser dem jungen Mann gesagt haben, „so geht das nicht. Kann nicht ein jeder daherkommen und seinen Namen hinschmieren, wo er grad lustig ist. Unterlasse er das künftig."

Was Kyselak reumütig auch versprochen haben soll.

Allerdings, und hier schlägt wohl doch die Fabulierlust späterer Kyselak-Biografen zu Buche, soll der Kaiser, nachdem sein Untertan zum Gehen aufgefordert worden war, mit gewisser Fassungslosigkeit eine Entdeckung gemacht haben: Auf einer kaiserlichen Schreibunterlage hatte der manische Kritzler seinen Namenszug hinterlassen – J. KYSELAK.

*

Bis auf diese vermeintliche Begebenheit im Schloss Schönbrunn ist allerdings nichts dazu erfunden. Kyselak hatte tatsächlich die Eigenheit, bei seinen ausgedehnten Wanderungen sein Signet zu hinterlassen, zigfach, hundertfach – auch wenn man heute nur mehr einige wenige seiner freihändig gezeichneten Signaturen auffinden kann. Er ist damit einer der Urväter der Graffiti-Kunst – und wird als solcher auch in einschlägiger Fachliteratur geführt. „Kyselak,

Josef, 1795–1831, berühmtester Graffiti-Schreiber des 19. Jahrhunderts ... Als er 1831 mit 36 Jahren starb, hatte er sein Ziel erreicht: ihn kannte ganz Österreich-Ungarn", steht zum Beispiel in Peter Kreuzers „Graffiti-Lexikon". Und weiter: „Josef Kyselak ist also nicht nur der erste Tagger auf der Welt gewesen" – ein Tag ist in der Fachsprache die Signatur eines Graffiti-Writers –, „sondern war zum ersten Graffiti-King der Geschichte geworden ... Die Writer sollten ihm Denkmäler sprühen ..."

Nun ist dieser künstlerische Ruhm des Joseph Kyselak aus Wien nicht das Thema des vorliegenden Buches. Aber man muss schon einräumen, dass Kyselak vielleicht gänzlich in Vergessenheit geraten wäre, hätte er sich nicht allüberall verewigt und damit zu seiner Zeit große Berühmtheit erlangt. Was aber wäre damit der Nachwelt vorenthalten worden!

Kyselak war nämlich vor allem auch ein großer Alpenwanderer und begnadeter Chronist seiner Wege und seiner Erlebnisse.

Ein Zeitsprung ins Jahr 1825.

\*

Kyselak, angehender Registraturs-Accessist im Hofkammerarchiv, ist sechsundzwanzig Jahre alt, als er sich am 12. August 1825 auf einen langen Weg begibt.

*Ich reiste, von einem meiner treuen Wolfshunde begleitet, allein, und nur mit dem notwendigsten Gepäcke; denn einige Hemden, Tücheln, Fußsäckel ec, ein paar Schuhe zum Wechsel der Stiefeln, ein gutes Fernrohr, blecherne Feldflasche, Steigeisen, Feuerzeuge, Windlichter und Wachskerzen, Papier, Bleistift, auf Leinwand gespannte topographische Karten zum Zusammenlegen in Bücherform, starke lange Schnur, Bürste ec, wird doch niemand leicht entbehren. Etwas überflüssig, aber für mich sehr erfreulich, war mein Gewehr, das zu dem sechspfündigen Gewichte auch einen kleinen Vorrat von Pulver und Blei erforderte; und so betrug die ganze Bagage, welche ich aber selbst überall mitzutragen mir vornahm, 15 Pfunde. Den lästigen Mantel, oder sonstige Hindernisse einer Fußwanderung entbehre ich, mit dem festen Willen, täglich wenigstens sechs Meilen zurückzulegen, und nur in Provinzialstädten zu verweilen, weil man sonst ohne ähnlichen bestimmten Vorsatz, von mancher schönen Gegend zu viel eingenommen, oftmals gar nicht vom Flecke kommt, und die karge Zeit mit Bewunderung von Kleinigkeiten verschwendet ...*

# Skizzen

einer

## Fußreise durch Oesterreich, Steiermark, Kärnthen, Salzburg, Berchtesgaden, Tirol und Baiern nach Wien,

nebst einer

romantisch pittoresken Darstellung mehrerer Ritter=
burgen und ihrer Volkssagen, Gebirgsgegenden und
Eisglätscher auf dieser Wanderung,

unternommen im Jahre 1825

von

## JOSEPH KYSELAK.

---

## Erster Theil.

Mit Kupfern.

Wien 1829.
Gedruckt bei Anton Pichler.

Dies schrieb Kyselak im Vorwort zu seiner 1829 in zwei Bänden erschienenen Publikation: *Skizzen einer Fußreise durch Oesterreich, Steiermark, Kärnthen, Salzburg, Berchtesgaden, Tirol und Baiern nach Wien nebst einer romantisch pittoresken Darstellung mehrerer Ritterburgen und ihrer Volkssagen, Gebirgsgegenden und Eisglätscher auf dieser Wanderung, unternommen im Jahre 1825 von Joseph Kyselak.*

Um es vorweg zu sagen: Diese „Skizzen einer Fußreise" gehören zum Eindrucksvollsten, was über die frühen Alpenwanderungen aufzufinden ist. Ein höchst eindringlicher, informativer und unterhaltsamer Reisebericht. Dazu fast so etwas wie ein Kulturführer der durchwanderten Gegenden. Auch eine ethnologisch und volkskundlich sehr interessante Studie. Und nicht zuletzt ein bemerkenswertes Stück früher alpiner Literatur.

Es ist ein besonderer Glücksfall, dass Gabrielle Goffriller und Chico Klein im Jahr 2009 eine Neuauflage – die erste seit 1829! – herausgebracht und mit einem kenntnisreichen Kommentar versehen haben. Zuvor war Kyselaks Werk nur mehr in bestens sortierten Bibliotheken zu finden. Wenn man Glück hatte, stieß man immerhin auf das eine oder andere Buch, worin die „Skizzen einer Fußreise" wenigstens auszugsweise dargestellt worden waren.

Wenn hier, gleichsam in großen Schritten, mit Kyselak gewandert und seine Tour nachvollzogen werden soll, dann kann das natürlich nicht ersetzen, was das Lesen des gesamten Buches zu bieten hat. Doch immerhin könnte es gelingen, den außergewöhnlichen Menschen und begeisterten Wanderer etwas näher vorzustellen und an einigen „Eckpunkten" seiner mehrmonatigen Tour kurz zu verweilen.

*

*Ich wählte die anfängliche Wagenreise, weil Jeder der die langweilige Fläche bis Neunkirchen auch nur einmal zu Fuß überschritt, sich gewiss diese marternde Wanderung nicht zum zweiten Male wünscht.*

Wie noch des Öfteren zu bemerken sein wird, galt im frühen 19. Jahrhundert der Begriff Wanderung nicht allein für das Gehen zu Fuß. Vielmehr umschrieb er eine Form des Reisens, bei der nicht das möglichst rasche Erreichen eines Zieles im Blickpunkt stand, sondern ein gemächliches Unterwegssein, bei dem Zeit blieb, sich auch den überraschenden Sehenswürdigkeiten zu widmen, Zeit zum Schlendern, zum Reflektieren, gar Philosophieren. Auch für Kyselaks

*Mit schwarzer Ölfarbe hat Kyselak signiert und sich damit verewigt.*

Wanderung galt: Die Kutsche oder das Flussschiff konnten durchaus genutzt werden, wenn es der Sache dienlich war. Und es wird sich zeigen, dass seine „Fußreise" diese Überschrift trotzdem wahrlich verdient.

Bis nach Graz ist Kyselak im Wagen oder auf dem Wasser unterwegs. Immer beobachtet er mit offenen Augen und höchst wachem Verstand, er sieht die besonderen Schönheiten der bereisten Regionen, bemerkt aber auch all das, was es zu kritisieren und beklagen gilt.

*Ausser Kindberg vergrößern sich die Szenen; die kleine forellenreiche Mürz hat sich bereits zum reissenden Waldflusse entwickelt; häufiger tönen schwarz umwölkte Eisenhämmer, Feuersäulen aushauchend; die früher hundertfälti-gen Hügel hervor und wieder zurück tretender Wiesen, Äcker und Wäldchen, deren buntes Grün dem Auge sanft schmeichelte, huldigen nunmehr den stol-zer sie überblickenden Waldbergen, die im inneren Kampfe erhitzt mit Rauch und Flammen um sich speien. Leider betrüben solche Waldbrände jeden, nur den Besitzer nicht, welcher sie fleißig unterhält, um ein oder zwei Jahre etwas Korn zu ernten, und dann, wenn Asche und besseres Erdreich von Regengüssen abgespült wurde, die Berge auf immer verwüstet zu lassen …*

Anzunehmen, seine Reisetage auf dem Wasser wären komfortabler, vielleicht sogar gefahrloser gewesen als die vielen Etappen des Fußmarsches, wäre gelinde gesagt ein Irrtum. Im Vergleich zu heute war keine Reiseform in der wilden Alpenregion romantisch. Im Gegenteil: Die Gefahren waren vielfältig und kein Reisender durfte allzu viele Ansprüche stellen an Sicherheit und Komfort.

*Einen schönen Anblick gewahrt auch der senkrechte Fels rechts vor dem Postorte Peggau, Jungfernsprung genannt, notierte Kyselak. Die Mur bricht sich an demselben mit wütender Gewalt und spielt mit dem in Schaum getauchten Fahrzeuge gleich einem Ei; mit Stangen und Haken müssen die gewandten Schiffleute dem jähen Anprellen desselben zuvorkommen. Eng rücken die Felsen zusamm, brausend erkämpft sich der Fluß seine weitere Bahn! Ein zweispänniger Separat-Eilwagen jagte von uns links auf der Straße nach Graz; bald war er eingeholt und zurückgedrängt. Ich hätte eine solche Schnelligkeit der Mur nie geahnt …*

Kyselak besuchte Graz – *eine von den Damen die sich im Alter zu schmücken anfangen, um noch neue Anbeter zuzulocken* – und setzte dann seine Reise zu Fuß fort.

In Stainz wurde er mit einer weiteren alpinen Gefahr seiner Zeit konfrontiert: *Mehrere wohlhabende Fleischer sind hier zugleich Viehhändler und Gastwirte; einer von ihnen erzählte mir … wunderliche Geniestreiche von den berüchtigten Gaunern (sogenannten Stratafiseln), welche die friedlichen Gebirgsdörfer mit ihren Besuchen seit einiger Zeit erschrecken … Ich konnte dem Erzähler etwas Glauben beimessen, weil ich vor einigen Tagen zu Graz zwei dieser Schurken durch den Strang hinrichten sah …*

Was diese Gefahren durch Räuber betrifft, so sollte es für Kyselak nicht beim Hörensagen bleiben. Nicht etwa, dass er ausgeraubt worden wäre! Nein, man hielt ihn selbst für einen finstren Gesellen, und um ein Haar wäre es ihm richtig schlecht ergangen. Es lohnt sich, dazu einen längeren Abschnitt aus Kyselaks Reisebericht zu lesen:

*Ein tiefer Hohlweg macht den Anfang … Bald teilt sich der Pfad, ich wählte den verläßlichsten links, benötigte aber anderthalb Stunden, bis ich dem Dunkel mich entwunden wieder das Freie erblickte. Schon sah ich einzelne Hütten im Tale glänzen, und hörte das Rasseln eines bergab holpernden Karrens; wohlgemut wollte ich mir im Gebüsche ein Stündchen Ruhe gönnen; doch kaum etwas eingeschlummert, als mich das Gebell meines Hundes erweckte. Mit lästigen Gedanken schwanger, glaubte ich beim Anblick dreier mit der-*

*ben Knitteln bewaffneter Bauern nichts sicherer, als einige der ungebetenen Gesellschafter zu erblicken; schnell aufspringend fragte ich nach ihrem Begehren; sie aber schenkten mir kein Gehör, traten zurück, und pfiffen, dass mir der Schall durch Mark und Blut wirbelte. Ich wollte mich aus dem Staube machen, nun aber kamen noch drei und verwehrten mir die Passage; diese Anzahl schien zwar für gewöhnliche Schelmen zu viel, demohngeachtet konnte ich aber immer noch nichts Gutes vermuten, weil sie mir befehlend zuriefen, mich und die Büchse zu übergeben, und dabei meinen treuen Hund, der indessen einen tüchtig zu Boden warf, so in die Enge brachten, daß ich für sein Leben fürchtete. Die aufgehobenen Stöcke, die nun auf mich blitzten, zwangen mich zu der drohenden Beteuerung: daß ich denjenigen augenblicklich niederschießen würde, welcher sich eine Gewalttat gegen mich erlaube; dagegen wolle ich wissen, wer sie wären, und was sie mich so anzufallen berechtige?*

Ist es nicht ein Ton, wie ihn Karl May Jahrzehnte später nicht besser getroffen haben würde? Welcher Leser, der in jüngeren Jahren die drei „Winnetou"-Bücher, den „Schatz im Silbersee", die Prärie- und die Wüstenabenteuer von Old Shatterhand alias Kara Ben Nemsi geradezu verschlungen hat, dächte bei obiger Beschreibung nicht sogleich an den Mann mit dem Bärentöter und dem Henrystutzen. Einen Unterschied freilich gibt es: Kyselaks Reisebericht gilt als Tatsachenbericht. Er ist geprüft worden auf seine historische Authentizität – bis hin zu den Namen von Führern und zufälligen Wegbegleitern. Anders als die von seinen Zeitgenossen kolportierte Geschichte vom Besuch beim Kaiser (und anders als bei Karl May, der stets von sich behauptet hat, die beschriebenen Abenteuer selbst erlebt zu haben, dabei aber in Wahrheit den Schreibtisch nie nennenswert verlassen hat), beruht Kyselaks Reisebericht auf Tatsachen.

*Der ernste Ton, ein Holzstoß der mir den Rücken deckte, und Duna zum neuen Angriff bereitwillig, brachte die Tölpel zur Sprache: Sie seien, antworteten sie, von der Gemeinde zur Aufbringung verdächtiger Leute in der Umgebung beauftragt, und ich müsse ohne Widerrede meinen Paß ihnen vorweisen. Unter anderen Umständen hätte mich, der ich erst heute von Graz abging, und weder in Kleidung noch Gewerbe einem gefährlichen Menschen ähnlich sah, solch ein Argwohn nicht wenig erbittert; nun aber belächelte ich dieses Mißverständnis, und froh, durch Willfahrung allen nachteiligen Streit zu heben,*

*übergab ich das Verlangte. Zum Glücke erkannte einer dieser Knittelritter Unterschrift und Siegel der Grazer Polizeibehörde, und erlaubte deshalb, nachdem er mich noch mit einigen langen und breiten Blicken seiner Einsicht begnadigte, meine Reise ungehindert fortzusetzen.*

Es gehörte schon eine ordentliche Portion Mut und Kaltschnäuzigkeit dazu, den Weg nach einer solchen Begebenheit einfach fortzusetzen, als wäre nichts geschehen. Manch einer hätte die Fußwanderung aufgegeben, kaum dass er die ersten Schritte getan hatte. Nicht so Joseph Kyselak, dem, wie noch öfters zu sehen sein wird, ausgesprochene Furchtlosigkeit attestiert werden muss. Eine Furchtlosigkeit, die bisweilen an Tollkühnheit grenzte.

*

Der Weg führte ihn von Graz ins Drautal und nach Klagenfurt. Er durchwanderte die Umgebung der Stadt, durchstöberte Burgruinen, spazierte zum nahen Wörthersee und pries die Landschaft:

*Hat man die Nähe durchirrt, und sucht dann der Ferne Ziel, so endigt es, wie der schmeichelhafte Wunsch des Menschen, groß und ausgezeichnet. Westlich erheben die Villacher-Alpen ihre 1000 Klafter hohen Häupter, im Süden die 20 Meilen fortlaufenden Caravancas, welche mit ihren befrosteten Himmelsspitzen Kärnten und Illirien unabänderlich trennen; im Norden ... blicken Steiermarks Alpen herüber...*

Kyselak schwelgt. Im minutiös genauen Bericht lässt er dem Staunen und Bewundern doch poetisch freien Raum. ‚Befrostete Himmelsspitzen' – welcher Dichter hätte dem hohen Berg je mehr gehuldigt als dieser junge Wanderer Kyselak mit diesen beiden Worten?

Aber Kyselak beließ es nicht beim Huldigen. Eine solche Wanderung ist, wie das Leben, ein Auf und Ab, ist reich an Höhen und erschwert durch Tiefen. Wenn ihm etwas begegnete auf seinem Weg, was seinen Unwillen hervorrief, dann schaute Kyselak nicht weg, sondern legte den Finger in die eitrige Wunde. Gastronomische Unbill in einem hier nicht notwendigerweise zu benennenden Kärntner Ort (die Tourismusverantwortlichen dortselbst müssten sich sonst genötigt sehen, noch nach fast zwei Jahrhunderten in Pressemittei-

*Die Wege waren alles andere als sicher – und das Wandern war ein großes Abenteuer.*

lungen und Werbeanzeigen klarzustellen und besonders zu betonen, dass längst alles anders, dass alles gut, aber was heißt schon gut, dass alles besser, bestens geworden sei …) mag als Beispiel dafür dienen:

*Nahrungsbedürfnis nötigte mich bei einem Fleischer, der zugleich Gastwirt ist, einzukehren. Ungern fühlte ich bewährt, was einige Reisende von der schlechten und unbilligen Bewirtung gewisser Gastgeber in Kärnten zu erzählen wissen. Für unreinliches schlechtes Essen und ungenießbaren Trunk mußte ich mehr entrichten, als für das beste Mahl in Klagenfurt! Ich wünsche nicht, dass Jemand sich davon selbst zu überzeugen so lüstern wäre; nebst dem Magen könnten durch die Grobheiten des Wirts auch die Gliedmaßen des Gastes unangenehm gereizt werden, welches dann zum bedeutenderen Nachteil sich endigen dürfte.*

Auch beklagt er des Öfteren den Zustand der Wege, die sich natürlich deutlich von dem unterscheiden, was sich unsereins heutzutage unter einem Wanderweg vorstellt.

*Ich verwünschte die Nachlässigkeit, welche auf Nebenstraßen meistenteils die Gebirgswege ganz verwahrlosen läßt, die doch um so mehr Pflege bedürfen, je mehr sie Gewitter und Radschuhe zernagen.*

Der Alpentourismus war noch nicht wirklich geboren. Wo es Wege gab, waren die nicht zum beschaulichen Wandern angelegt, sondern aus Notwendigkeiten und Zweckmäßigkeiten heraus. Wer hätte ahnen können, dass binnen weniger Jahrzehnte die „Stadtleut" über die Alpentäler hereinbrechen würden, zur „Sommerfrische"?

Welches touristische Potenzial die Täler zwischen den Bergen eröffnen, ist auch in Kyselaks Bericht über seine Reise von 1825 zu erkennen. Allerdings liegen Licht und Schatten, Pracht und Elend noch ganz nahe beieinander. So schwärmt er von Landskron bei Villach – *dieses liebliche, von Segen überfließende Tal, mit friedlichen Häuschen bepflanzt, die stummen geheimnisvollen Tableaus, welche mit Anmut und Ruhe in der auffallendsten Wildheit und Größe sich erhalten … Es muß Jeden reuen, der nach Villach oder Klagenfurt reiset, wenn er sich diesen kleinen Abstecher hierher nicht erlaubt.*

Nur wenige Meilen weiter allerdings trifft er statt landschaftlicher Pracht nur menschliche Not an. *Bald engt sich außer Winklern das Tal, kärglich durchblicken es kaum im hohen Sommer der goldenen Königin glühende Strahlen; finster wird der Tag um die Mittagszeit … Dieser Bezirk bis Lieseregg aufwärts, ist der unglückseligste an Hervorbringung von Fexen (Trotteln oder*

*Cretins); selten daß man einige Häuser vorbei wandert, ohne diesen Stiefkindern der Natur zu begegnen, die Herz und Augen zum Mitleid stimmen. Ich sah Kinder sich neckend mit Kote beschmieren, und Erwachsene, welche lachend große Steine auf Vorübergehende warfen … Diese Unglücklichen, welche gemeiniglich zwergartig, mit dicken Köpfen, kleinen Augen und großen herabhängenden Kröpfen gebaut sind, besitzen nicht selten die froheste Laune und Mutwillen.*

∗

Würde man heute Kyselaks „Fußreise" nachgehen wollen, so wären die Hindernisse anderer Natur als im ersten Drittel des 19. Jahrhunderts. Wo es damals Karrenwege gab, sind vielleicht längst vielbefahrene Landstraßen. Wo ein Pfad durch weite Wiesen führt, versperrt nunmehr vielleicht eine Autobahn den Weiterweg. Und statt der Einsamkeit stößt man überall auf Hochbetrieb.

Dafür aber ist der „Reisekomfort" heute enorm: Überall gute Quartiere, bestens angelegte, ausgeschilderte, markierte Wege, dazu viele Gleichgesinnte und, was gar nicht hoch genug einzuschätzen ist, hervorragendes Karten- und Führermaterial. Zu Kyselaks Zeiten waren viele Gegenden noch geografisch unerkundet, weiße Flecken auf den Landkarten, die vor ihm nur wenige Fremde – vielleicht noch gar keine Fremde(!) – bereist hatten! *Durch die Dörfchen Karlsdorf, Raufen, Feichtendorf, welche eng beisammen vom geringen Ertrage der Wiesen und der Heidekornfelder leben … gelangt man über Feicht und Lendorf auf die Fahrstraße. Alle diese und noch mehrere folgende Örtchen, sind auf Lichtensterns topographischer Karte nicht angemerkt; Beweis genug von der bisherigen Unkenntnis dieser Gegend …*

∗

Das nächste alpine Hindernis, das sich ihm gleichsam in den Weg stellte, waren die Tauern. Diese Berggruppe mit ihren zahlreichen über 3000 Meter hohen Gipfeln war alles andere als eine leicht zu überwindende Barriere. Für Kyselak war es also ein ernstes alpinistisches Unternehmen, aus dem Mölltal über den fast 2700 Meter hohen Kreuzkogel ins Gasteiner Tal hinüberzugelangen. Schon der Talort Mallnitz hinterließ beim Alpenwanderer wenig erbauliche Eindrücke. Dieser heute bekannte und beliebte Ort lag in völliger Abgeschiedenheit und Zivilisationsferne: *Wie viele Schicksale mußte der Mensch erle-*

*ben, wie so manches versuchen, bis ihn die Not zwang, aus lachenden Fluren in die riesigen Winkel der Alpen zu ziehen … Hier ist sieben Monate Winter* – und Kyselak meint damit gewiss nicht nur Mallnitz, sondern all die wie von der Welt vergessen daliegenden Orte und Dörfer, die er auf seiner weiten Gebirgswanderung kennenlernt – *und die anderen teilen sich in Tauwetter und drückende Hitze … Die Bewohner sind gutmütig; Luxus, Heuchelei und Eigennutz, diese Pestbeulen verderbter Menschen, sind noch nicht über die Berge hier zugereist; leider hat aber auch Erziehung, Gelehrigkeit und Bildung den Weg hierher verfehlt.*

In den Boden gesteckte Stangen markierten den Weg, den Kyselak über die Mallnitzer Tauern zu nehmen hatte. Er verzichtete auf einen Führer und wäre, als Nebel aufkam, fast in ernste, ja lebensbedrohliche Bergnot geraten. Der Spürsinn seines Hundes Duna und eine Riesenportion Glück verhinderten, was manch anderem hier schon widerfahren war. Kurz unterm doch noch glücklich erreichten Kreuzspitzgipfel *sah ich jene von gutmütigen Pilgern in Form eines Sarges zusammengelegten Steine, welche den Unglücksplatz des letzthin hier erfrorenen Menschen anzeigen. Man erzählte mir eine traurige Geschichte in Mallnitz, die ich kurz mitteilen will.*
*Ein junger Lederergeselle aus Obervellach schloß sich heuriges Frühjahr an zwei über den Tauern reisende wendische Bauern an. Diese rüstigeren Alpenkletterer sollen leider im Mallnitzer-Tauernwirtshause demselben noch Mut zugesprochen haben, und dann, als er auf der Höhe ermattet niedersank, zu ihrer ewigen Schande, eigene Gefahr befürchtend, allein weggegangen sein, und den Armen, der bei fürchterlichster Kälte und dürftiger Kleidung sich selbst überlassen war, mit baldiger Hilfe getröstet haben.*
In der Tat sollen die Bauern den nächsten Wirt drüben im Salzburger Land verständigt haben. Ein erster Rettungsversuch aber war erfolglos geblieben.
*Nun aber wagt der edle Wirt selbst, mit noch fünf herzhaften Männern, zu retten, was noch nicht verblichen. Mit Stangen und Schaufeln Wege erkämpfend, die boshaft sich gleich wieder schließen, erringen sie nach drei schrecklichen Stunden die Höhe … und finden – eine Leiche.*
*Solche Unglücksfälle an einzelnen Reisenden, ereignen sich alljährig viele in Alpengegenden,* konstatierte Kyselak, *indem übrigens zur Ehre der Menschheit es höchst selten der Fall ist, dass ein Wanderer den andern in der Stunde der Not hilflos zurück lässt …*

*Der Königssee – auf den ersten Blick ein Alpenidyll. Doch Kyselaks Tour war reich an Gefahren.*

Kyselak jedenfalls hat sich durch nichts und niemanden von seinem Vorhaben abbringen lassen. Er wanderte durchs Gasteiner Tal, gelangte zum Zeller See, hielt sich an der Salzach entlang, besichtigte das alte Schloss Werfen und marschierte, über Golling und Hallein, nach Berchtesgaden. Er schwärmte vom Königssee, vom berühmten Echo und vom (damals zumindest nicht nur) idyllischen Sankt Bartholomä genauso, wie es Generationen nach ihm taten: Hunderttausende von Alpenbesuchern in jedem Jahr.

*

*In einer Wüste wird auch die Hütte ein Palast,* notierte Kyselak in seinen „Skizzen". Immer wieder sah er sich konfrontiert mit der Kargheit des Lebens der Bergbevölkerung. Er begegnete fröhlicher Bescheidenheit und nackter Armut. Er traf Menschen, die nicht besser als ihre Tiere lebten – und die doch bereit waren, von ihrem Wenigen noch etwas abzugeben. Er schlief in zugigen oder verrußten Hütten, aß aus Tellern und Schalen, die schon lange kein Wasch-

wasser mehr gesehen hatten, erlebte hautnah all das, was 150 Jahre später als „Dritte Welt" bezeichnet worden wäre.

*Ich, zwei Dirnen und ein Hirtenjunge saßen, manches besprechend, auf Bänken um den Herd, letztere lösten einander zeitweis ab beim Butterrühren, während die tätige Sennerin zuerst in den großen Kessel Stücke Butter warf, darauf Mehl, und dieses röstend, immer etwas Milch nachgoß, bis das Ganze eine braune brockenartige Masse bildete; nun wurden geschälte Äpfel stückchenweise hineingeschnitten, etwas zerrührt, dann dieses Quodlibet in eine hölzerne Schüssel entleert, mit tüchtiger Portion Rahm übergossen und insgesamt verzehrt; einige Maß Milch vertraten dabei den Tafelwein, und das dürre Brot konnte somit leichter hinuntergewürgt werden.*

Natürlich kollidieren hier urbanes Anspruchsdenken mit bergbäuerlicher Realität, gewohnter Lebensstandard mit größter Komfortlosigkeit. Aber immerhin ist dieses Mahl nahrhaft und es ist reichlich genug, um alle Esser satt zu machen und zu stärken.

*Das lästigste bei diesem schwelgerischen Preismahle war der unselige Rauch, welcher die Hütte dermaßen anfüllte, daß ich kein Auge öffnen konnte. Den einzigen Ausgang gewährten ihm die Lücken zwischen den Steinen und Dachbrettern, weil die niedrige Tür, der zunehmenden Kälte wegen, geschlossen wurde, und die Alpler sich lieber mit gewohntem Rauch als mit fröstelnder Nachtluft herumbalgen.*

Die zahlreichen Notizen Kyselaks über das Leben und die Zustände auf den hochgelegenen Bergbauernhöfen und den noch höher gelegenen Almen belegen nachdrücklich, dass dem Bergbauerndasein im 19. Jahrhundert nichts, aber schon gar nichts Idyllisches anhaftete. Das Leben war hart, karg, voller Entbehrungen und auch voller Gefahren. Das romantische Bild vom Leben im Gebirge, das bald schon Verbreitung finden sollte, war und blieb ein Hirngespinst von Schöngeistern und Schwärmern, die auf mindestens einem Augen blind gewesen sein müssen.

Eine menschlich besonders anrührende Geschichte widerfuhr Kyselak in den Tauern. Er begegnete einem sonderbar heruntergekommenen Mann, *mit breiten Krempenhute, woraus sich das lange struppige Haar mit dem des Messers monatelang entwöhnten Barte ungeregelt verflocht, über die dürftige Kleidung eine abgenützte Kotzendecke geworfen, die Stiefel mit Filz umwunden, die Hand mit langer eisenbeschlagener Knotenstange bewaffnet.* Eine alles in allem nicht gerade Vertrauen erweckende Erscheinung. Doch dieser

erste Eindruck war trügerisch. Hinter dem abschreckenden Äußeren verbarg sich ein feinfühliger und sehr hilfsbereiter Mensch, mit dem es das Leben allerdings alles andere als gut gemeint hatte.

*„Ich heiße Ignaz Romoser"*, soll dieser Mann sich schließlich Kyselak vorgestellt haben. *„Bin vor 26 Jahren zu Saalfelden geboren, war lange Zeit Knecht daselbst, nun aber seit einigen Jahren Sommer-Schafhirte am Fundertauern … Einer meiner Vorgänger starb vorlängst in dieser Hütte, kein Mensch kam herauf, kein Mensch wußte davon, bis endlich die Bauern ihr Vieh abzuholen hier eintrafen und den noch kennbaren Leichnam begruben, er war alt und schwach, mir möchte solch Unglück wohl so bald nicht zutreffen!"*

Dieser Romoser, freundlich, gastfreundlich, froh über die Gesellschaft, die er durch Kyselaks Anwesenheit zumindest für Stunden fand, wurde zum wertvollen Ratgeber auf dem nächsten, nicht allzu langen, aber gefahrvollen Wegabschnitt.

*Ich wollte mir unterdessen die Eisen anlegen, er widerriet's, indem man hier am sichersten mit langer Stange durch Sprünge von Stein zu Stein gelange, wobei die Eisen unbehilflich und schwer den Kletterer eher ermüden …*

Kyselak hat Gelegenheit, am Beispiel Romosers die richtige Fortbewegungsart in dieser steinigen Gegend kennenzulernen:

*Seine Geschwindigkeit bald abzulernen, sah ich ihm nach, wie er, ein Virtuose im Klettern, von Stein zu Stein, gleich einer Gemse, mittels der zehnschuhigen Stange sich fortschwang; obgleich nur mit einem Auge beglückt, machte er doch nie Fehlsprünge.*

Romoser wies Kyselak den richtigen Weg, begleitete ihn ein Stück und wurde ihm zum Helfer in der Not. Nachdem der Alpenwanderer beim Aufstiegsversuch zum nahen Watzmann von einem Schwächeanfall heimgesucht worden war, *einer Ohnmacht nahe* und an Kraft erstorben, der Länge nach auf den Felsen gelegen hatte, verlangte Romoser, als Kyselak wieder gestärkt weiterziehen wollte, dass er auf der zu überschreitenden Passhöhe ein paar Schüsse abgebe, auf dass er, der Hirte, sich keine Sorgen mehr zu machen bräuchte.

Es sind für Kyselak sicher auch die Menschen wie dieser schlichte Schafhirte, die ihm mit ihrer ehrlichen Freundlichkeit immer wieder dazu verhalfen, den selbstgewählten Weg fortzusetzen. Folgt man seiner Niederschrift, so sind bei ihm nie ernsthafte Zweifel an seinem Unternehmen aufgekommen. Wie ein Magnet scheint ihn das nächste Tal, der nächste Ort, der nächste Berg angezogen zu haben. Die Wanderung durch die Alpen muss eine Obsession

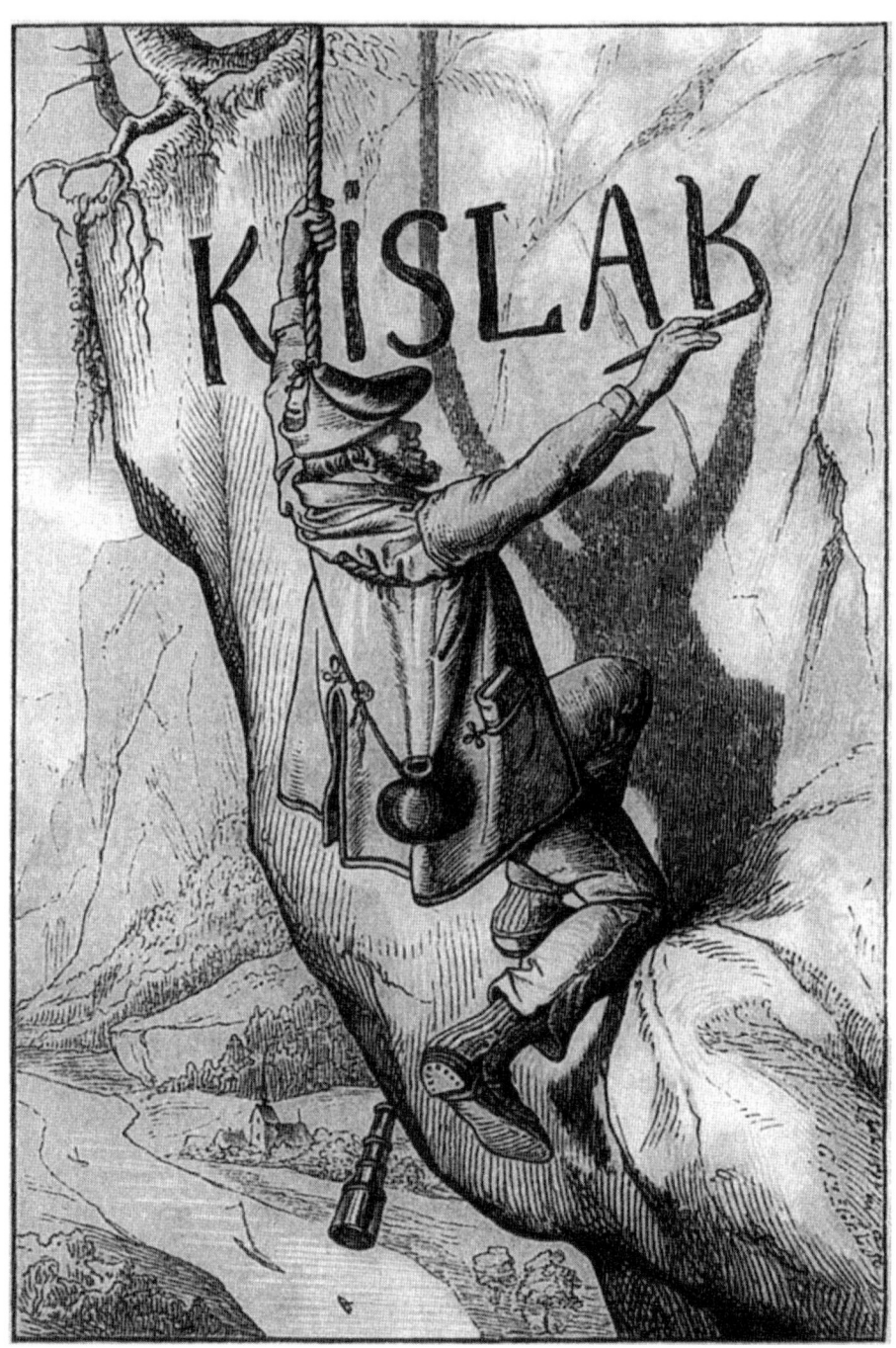

gewesen sein. Und es hätte auch alles ein schlechtes Ende nehmen können. „Triumph und Tragödie", so der weltberühmte Bergsteiger Kurt Diemberger rund 160 Jahre später, „liegen oft ganz nahe beieinander ..."

*

Was aber ist mit dem Kritzler, Maler, Tagger? Erzählt er davon nichts? Nein, sein *hic fuit* spielt in seinem Reisebericht keine besondere Rolle. Und doch ist klar, dass er auf seiner großen Fußwanderung besonders reizvolle Stellen mit seinem „Logo" versehen hat. So sind im Salzburger und Berchtesgadener Land Signaturen bzw. deren noch gut erkennbare Reste aufgefunden worden. Hin und wieder gibt es doch vereinzelte Hinweise auf seine große Leidenschaft in seinen vielhundertseitigen „Skizzen". Droben, an der Tauernwand zum Beispiel, *wo Sommer und Winter, enge sich paarend, und geschieden bloß durch eine Felskante.* Wo er Schüsse abgab und bald darauf tief drunten den Schafhirten sah, wie er ein blaues Tuch auf seinem Stabe schwingt.

Hier, beseligt vom glücklich geschafften Aufstieg, voller Zuversicht für den Abstieg, griff er zum Pinsel:

*Schnell nahm ich mehrere lose Kalksteintrümmer, erhöhte damit die kleine Signalsäule, welche mich leitete vom schneeigen Tal herauf, legte mit aller Anstrengung eine breite schieferähnliche Platte dazwischen, und schrieb auf deren Fläche mit schwarzer Ölfarbe:* „Frisch o Pilger! Unverzagt / Sei der Weg zum Ziel gewagt! / Leicht errungen ist der Preis, / Wenn man ihn zu schätzen weiß."

Was auch immer geschehen war: Kyselak hatte nie darauf verzichtet, Farbe und Pinsel weiterhin mit sich zu schleppen und, wahrscheinlich sehr verstreut und seine Route nicht eigentlich markierend, so doch immer wieder entlang des Weges sein „Werk" zu signieren.

Sein Werk, das war die ungeheure physische und psychische Leistung seiner geschätzt etwa dreimonatigen Fußreise durch Österreich und die Berge. Und hinter diesem Werk tritt das „Graffiti-Writing" zurück. Ungeklärt bleibt ohnehin, worauf Kyselaks Obsession zurückzuführen ist. War es die Folge einer Wette, wie ab und an spekuliert wird? Oder, wofür einiges mehr spricht, doch nur der tiefe Wunsch, etwas zu hinterlassen – eine Spur, die hinausführt über die eigene Lebenszeit? Letzteres ist ihm zweifellos gelungen.

*So sahen die nachfolgenden Generationen „ihren" Kyselak – den Begründer der Graffiti-Tags.*

*Von Mittersill führt der gewöhnliche Weg nach Tirol über den großen Rettenstein und Trattenberg, nach Kitzbühel und dann ins Inntal nördlich nach Kufstein, südwestlich über Rattenberg nach Innsbruck,* schrieb Kyselak gegen Ende des ersten Bandes der „Skizzen einer Fußreise durch Österreich". *Das Inntal sollte mir zum Rückweg dienen; daher wählte ich jetzt den über die wilde Gerloshöhe, in das durch sein Hornvieh berühmte Zillertal.*

Über Gerlos, wo er von Wölfen hört, die immer wieder Schafe und Ziegen reißen, gelangte er nach dem Markt Mayrhofen im Zillertal, wo er wieder in einem der Wirtshäuser – *dem die Außenseite so ziemlich den Stempel des elendsten aufdrückte* – herbe Erfahrung mit der alpinen Gastlichkeit machen musste. Er bekam ein Zimmer, hinter ihm wurde abgeschlossen, und weil er Blutspuren fand, glaubte er gar, in einer Mord- und Räuberhöhle gelandet zu sein. Doch zum Glück geschah ihm nichts – außer dass er sich am nächsten Morgen noch Tadel vom Wirt dieser Herberge einholen musste.

*Auf seine Frage wegen des zeitlichen Aufstehens, mußte ich ihm die Unreinlichkeit der Behausung und Tollheit, mich einzusperren, vorhalten. Wider Vermuten beteuerte er äußerst grob, solche Gäste gar nicht zu benötigen, welche wegen einiger Groschen das ganze Haus geblankt haben wollen, und Nachts mit lästigem Lärmen alle Einwohner wecken; die Betten seien ohnehin erst überzogen worden, und wenn auch das eine von Nasenblutstropfen befleckt wäre, so brauchte ich nicht gerade dasselbe zu benützen.*

\*

Nachdem er die in die Zillertaler Alpen hineinführenden Wildtäler – das Tuxer- und das Zemmtal – erkundet hatte, setzte er seinen Weg Richtung Sterzing fort. Mit einem Führer überquerte er das Pfitscher Joch. Auch diese Etappe war gefährlich und voller Mühsal. *Man sah keinen Weg, frischer Schnee und Steingerölle machte fortwährend unseren feindlichen Widersacher; der Führer bemerkte nach meiner deshalbigen Klage, daß es noch viel schlimmer kommen werde.*

Und weiter oben, unterm Übergang ins Pfitscher Tal:

*Ich mußte mich entschließen, links eine Felsenmauer zu besiegen, so schroff und drohend, daß mir beim Gedanken, sie zu überklettern, der Atem stockte. Ohne viel Umstände schleppte aber der Führer meine Tasche mit allen Habseligkeiten und Geldvorrat über die Spitzen und Abhänge hinauf, und ich folgte dem Köder.*

Joseph Kyselak erreichte Sterzing, jenen Ort am Fuß des Brennerpasses, dem er ein recht gutes Zeugnis ausgestellt hat. *Gassen und Häuser führen zwar kein hochtrabendes Aussehen, demohngeachtet kann man ihren Bewohnern eine gewisse Art Stolz, in Handlungen und Redensarten, vor andern Tirolern nicht absprechen.*

Lange aber hielt er sich hier nicht auf. Es zog ihn weiter, hinüber ins Passeiertal. *Passei ließ mich selbst auf dem vortrefflichen lang entbehrten Flaumenlager nicht ruhen; in Wien verlobte ich mich schon dahin, und in seiner Nähe sollte ich zögern?*

Was ihn so anzog, was ihn den großen „Umweg" nach Süden nehmen ließ, war die Bewunderung für den Tiroler Volkshelden Andreas Hofer, der sich sechzehn Jahre zuvor gegen die napoleonischen Truppen gestellt hatte und seinen Widerstandsgeist mit dem Leben bezahlt hatte.

Doch war der Weg zum legendären „Sandwirt" noch weit. Und der Jaufen lag als herbes Hindernis dazwischen.

Ein Führer, den er sich aus der berechtigten Sorge heraus, oben könnte schon reichlich Schnee liegen und die Wegfindung schwer machen, mietete, machte sich bald wieder davon und überließ Kyselak sich selbst.

Er wäre wahrscheinlich auch in Schwierigkeiten geraten, hätte es nicht bereits damals eine Herberge auf dem alpinen Übergang gegeben.

*Fürwahr! Wenn man auch nichts als Brot und Branntwein hier zu erwarten hat, so muß man den Bewohner achten, der weniger um den armseligen Gewinn, als der Menschlichkeit wegen sich hier aufopfert. Seine Wohnung möge höher als des gedehnten Brenners Posthaus liegen, und doch weilt er und Familie an keiner Hauptstraße, um wohlhabenden Reiselustigen die Entbehrungen des Lebens aufzurechnen; der selten besuchte Gangsteig bringt ihm häufiger die Gelegenheit, Gutes zu üben, als selbes zu empfangen … Wie mag der Winter hier wüten, da jetzt (23. September) die ganze Umgebung unter Schnee lag; wie froh der Wanderer die warme Stube betreten, welche ihm den tötenden Frost wilder Stürme aus den Gliedern jagt, und die Heimat zu erreichen erleichtert …*

\*

Kyselak gelangte wohlbehalten ins Passeiertal – *aus Seen und von Schneefeldern eilen allenthalben geschäftige Bäche herab, in diesem Tale die Pässe zu lösen; sie wollen damit in Italiens Fluren sich brüsten, und üben hier schon*

*das Ringen, obgleich sie damit die Heimat verwüsten – und zum Sandwirt. Er traf Andreas Hofers Witwe, bekam zu essen und zu trinken, empfand es als Ehre, dessen Porträt als wertvolles Denkmal gezeigt zu bekommen – alles in allem aber war sein Besuch nicht so ergiebig, wie er sich das erhofft hatte.*

*Der Wunsch, die merkwürdige Alpenhöhle zu sehen, worin sich Hofer im August 1809 nach Abzug des österreichischen Militärs verbarg, scheiterte; Lawinen hatten sie seit Wochen zugeschüttet … Sicherer versprach man mir die ebenfalls schon umschneite Sennhütte … in welcher der verborgene Sandwirt nach zweimonatlichem Aufenthalte gefangen genommen wurde.*

*Sie lag außer der Richtung meines einzuschlagenden Weges; für heute konnte ich die vom Wirtshause aus erforderlichen vier Stunden hinauf, und drei Stunden zurück, nicht mehr anwenden, und der morgige Tag schien mir mit mühsamer Erkletterung einer Hütte, deren ich hunderte ähnliche gesehen, nicht hinlänglich Lohn bringend …*

Kyselak schloss das Kapitel „Andreas Hofer" und nahm sein nächstes Ziel in Angriff: den Gang übers Timlar-Joch, später als Timmelsjoch bekannt.

*

Am Morgen fiel leichter Regen. Das Wetter war unsicher. So entschied er, sich einen Führer zu nehmen – was beim Gang über solch hohe Pässe, wie das Timmelsjoch mit seinen 2474 Metern einer ist, auf alle Fälle ratsam war.

Den Vorabend hatte er noch im Wirtshaus verbracht.

*Neugierde ausgenommen, entsprach die Abendgesellschaft nicht meiner Erwartung; das unglückselige Kartenspiel schien hier wurzelnder als anderswo Platz zu greifen, mich dauerten die Armen, deren Äußerem ich ansah, daß der verspielte Gulden ihnen schmerzlich fiele, und dennoch auf diese Weise Vergnügen suchten.*

Wenige Stunden später war er schon im Aufstieg zum Joch begriffen, begleitet vom Führer Moser, der ihm versichern konnte, dass die Gefahren gering seien: Der Hohe First (Monte Principe, 3403 m) war nicht in Wolken gehüllt, was den Einheimischen als untrügliches Zeichen dafür galt, dass der Übergang gewagt werden konnte. Zudem war laut Moser die Lawinengefahr ganz und gar unerheblich. Doch all dies kann nicht darüber hinwegtäuschen, dass jede Überquerung des Alpenhauptkammes zu jener Zeit mit enormen Mühen und erheblichen Gefahren verbunden waren. Der Anstieg aus dem Passeiertal zum Joch war lang; 1800 Höhenmeter mussten überwunden werden. Und der Weg

war kein ausgebauter und an heiklen Stellen gesicherter Wandersteig, sondern ein abenteuerlicher Hochgebirgspfad.

*Der Bach verschwand, immer höher und höher zwischen wahren Riesengebirgen stufnete sich auf den Marmor- und Kalkabhängen unsere kritische Bahn. Wenn bisweilen die Gefahr, hinabzustürzen in die gähnenden Schlünde, sich minderte, so erhob sich wieder eine überhängende Felsenwand, welche mit ihren lockeren Steinmassen eben nur unsere Ankunft zu erwarten schien, auf immer uns zu begraben. Wir benützten die Steigeisen, der Seele Blähungen damit zu dämpfen, und dem Fuße die Tritte zu sichern.*

Die Steigeisen müssen sehr hilfreich gewesen sein, denn die beiden Männer erreichten den Pass unbeschadet und bei bester physischer und wohl auch psychischer Gesundheit.

*Als nach drei Stunden das wenige Krummholz im pfadlosen Schnee durchklettert, und bald darauf der Hochrücken des Timmels- und Banker-Jochs erklommen war, spiegelten schmeichelhaft die zwei kleinen Passeier-Seen tief unter unseren Füßen die Konturen der besiegten Felsen.*

Die Männer blieben allerdings nicht lange dort droben auf dem bald zweieinhalbtausend Meter hohen Joch. *Tobender Nordost gab uns solche Froststöße von den Eiswänden, daß sie uns bei des angestrengten Kletterns starker Erhitzung gefährlich schienen, auch war außer Eis und Schnee nichts Erhebliches zu sehen.*

Kyselak entließ seinen Führer Moser, der übers Joch nach Süden zurückkehrte; für den Abstieg hinab ins hintere Ötztal, das er als verlassen und arm darstellt, konnte er auf ihn verzichten.

Schwelgerisch pries er die Schönheit des Tales, das 175 Jahre später alles andere ist als verlassen und arm: ein Topgebiet für Bergsteiger und Wanderer und im Winter eine der meistbesuchten Skiregionen im gesamten Alpenraum. *Herrlich ist das Tal für den Naturforscher, Maler, Botaniker etc., preiswürdig selbst für denjenigen, welcher großer Eindrücke gewohnt, durch die bunten Formen der Alpenwelt hierher drang. Man denke sich ein Tal, dem die hundert Zickzacke des Weges eben so viel Veränderliches bringen, als die hundert Berge, Felsen und Alpen zur Variation geeignet sind … Die zahlreichen Seitentäler, aus denen ebenso viele Bäche der ungeheuer anwachsenden Ötztaler Ache zu eilen, scheinen die Gänge eines unermeßlichen Labyrinths.*

Aus dem Passeiertal bis nach Oberlängenfeld benötigte Kyselak elf Stunden Gehzeit, *zwei davon mochten der Erholung und Ansicht der Gegend hinfließen.*

Von hier, so erzählt er, *kann der bequemere Reisende über Umhausen, Tumpen und Oetz das ganze Tal bis zum Inn passieren.* Doch nach Bequemlichkeit gelüstete es ihn noch immer nicht. Statt hinauszuwandern ins Inntal und damit die Beschwernisse der alpinen Wanderung hinter sich zu lassen, entschied er sich für ein weiteres bergsteigerisches Hindernis: *Meine Reise schwang sich über die höchsten Ferner des Alpentales in das Tal Stubai-Ruetz. Dazu brauchte ich einen Führer, heiteren Tag, 10 Stunden – und volle Kraft!*

Er fand alles dies, wenngleich er sich mit dem Führer nicht gänzlich zufrieden zeigen konnte. Immerhin, den richtigen Weg kannte er, und so erlebte Kyselak noch einmal ein großes Abenteuer im Hochgebirge. Eine bergsteigerische Herausforderung und ein Fest für die Sinne.

*Es war fünf Uhr, purpurn flammte der Osten, des Mondes ausgeschnittenes C sah sich allmählich zurückgesetzt mit seinem Schimmer … Traurig wich er der angepriesenen Rivalin, blickte aber voll Neid lange auf, ihr beginnendes Tagwerk zu erforschen; die Goldscheibe weilte noch hinter den Eiswänden … Der blaue Himmel kleidete sich dort zum Festtage in die Farben der Rosen, roter und glühender wurden die Wangen der Eiskönige, nun tauchten auch die Untertanen ihre Schneehäupter in das Feuermeer; die Alpenwelt log sich in Brand aufzulösen während wir uns zu Eis verwandelt wähnten.*

Kyselak beließ es nicht dabei, auf dem besten Wege ins Stubaital hinüber zu traversieren. Ein Abstecher zu den höchsten Höhen des Glamersgrubferners musste auch noch sein. Und so kämpfte er sich, begleitet von einem müden Führer, versehen mit scharf geschliffenen Steigeisen und ausgestattet mit einem ungeheuren Mut, über steile Fels- und Firnflanken bis in den Dreitausenderbereich hinauf. Nur die Gipfelfelsen ließ er aus; *die Zinne endigt sich mit drei Spitzen, welche ohngefähr 30 Klafter hoch, wie Zähne den Himmel anzufallen drohen. Ich bestieg keine derselben … man müßte mehrere und verläßlichere Führer haben als der meine gewesen … um das Vorhaben auszuführen.*

Es war dieser Aufstieg der letzte hochalpine Höhepunkt auf Kyselaks „Grand Tour“. Was wahrscheinlich auch ein Grund dafür ist, dass er die Ansichten des Gebirges in geradezu melancholischer Schönheit beschreibt.

*Den schönsten Anblick gewährt übrigens westlich das Ötz- mit den Höhen des Pitztals, wo tausendfältige Schattierungen in das rohe Chaos der Eiswelt übergehen und ein Tableau bilden, welches nur Tirol zu ordnen vermag; dann*

*nordöstlich das Stubai-Ruetztal, dem man es ansieht, daß mehr als ein Na-*
*turfreund zur Sommerszeit aus Innsbruck herein walle, um Erholung aus sei-*
*nen Herrlichkeiten zu saugen, für die trüben Wintertage der Hauptstadt.*
Es gab das Phänomen des Alpentourismus also doch bereits im ersten Viertel
des 19. Jahrhunderts! Weniger wohl in der Form der späteren Sommerfrische,
wo wohlhabendere Leute sich für mehrere Wochen in den Gebirgsorten ein-
quartieren sollten, um in gesunder Luft und eindrucksvoller landschaftlicher
Umgebung Stärkung, Erholung und Kontrast zum Alltag geboten zu bekommen. Das Stubaital liegt Innsbruck so nahe, dass die Menschen aus der Stadt
mit einem Tagesausflug hierher gelangen konnten.

*

Kyselak wanderte weiter durchs Stubaital, nahm bereits Abschied von den
Bergen, denn er war sich dessen bewusst, dass er wohl nie wieder hierher ge-
langen sollte. *Neustift bietet außer den 15 Häusern, welche mit dem des Wir-*
*tes die artige Kirche umstehen, einen besonders schönen Rückblick ins Tal.*
Fulpmes lag noch auf seinem Weg; dann gelangte er ins breite Inntal und
schließlich nach Innsbruck, wo er einige Tage blieb, zum einen, um die viel
gepriesenen Sehenswürdigkeiten der Stadt aufzusuchen (Goldenes Dachl,
Hofkirche und, etwas außerhalb, Schloss Ambras), aber auch, um die nähere
Umgebung der Stadt zu erkunden.
Von Innsbruck aus, das dazumal 12.000 Einwohner hatte, wanderte er zur
Martinswand bei Zirl. Er stieg hinauf zur Max-Höhle, wo er sich mit seinem
Namenszug verewigte. Und er nahm sich den Bergführer Sebastian Hauer, um
noch einmal in alpine Gefilde vorzudringen.
*Innsbruck verlassen, ohne seine Umgebungen geprüft zu haben, hieße sich an*
*dem lieben Tirol versündigen. Frau Hitt, ein kahles und schroffes Alpenge-*
*birge, welches sich zunächst der Stadt anschließt, und eben so, wie der Kah-*
*lenberg bei Wien, an Sonntagen von den kletterlustigen Städtern besucht*
*wird, lud auch mich auf seinen hohen Rücken.*
Der markante, einer Sage nach Frau Hitt genannte Felsturm ist bis heute eines der Wahrzeichen hoch über der Stadt. Wer allerdings hätte geahnt, dass er
sich schon 1825 großer Beliebtheit erfreute?
*Hauer versicherte, die Alpe eben zum vierzigsten Mal zu ersteigen. Ich glaub-*
*te ihm, denn er kannte jede Grube, welche der Schnee geebnet. Die gewöhn-*
*lichen Passagiers wären Studenten gewesen, welche im September aus allen*

*Gegenden, meistens aber von München herbeieilen, durch einen Besuch der Frau Hitt Geist und Gefühl zu stärken. Nur Einer wäre bisher verunglückt, welcher am Sattelbüchel der Pflanzen wegen sich verstieg, abgleitend ein Bein brach und nach einigen Tagen starb ...*

*

Bevor Kyselak bei dieser imaginär nachvollzogenen Wanderung die Alpen verlässt, muss unbedingt noch ein ganz praktischer Tipp nachgereicht werden: *Der gestrige lange und angestrengte Marsch hatte mir zum erstenmale einige Fußblasen gezogen. Ich übte also mein gewöhnliches Mittel, die Gehkraft zu schärfen, durch Einreibung der Füße mit starkem Branntwein, dem ich etwas Seife beimischte; öffnete, aber erst nach einer Stunde darauf, die abgetöteten Blasen, und legte zwischen die Fußhaut und frischen Socken etwas welke Birkenblätter. Dieses einfache und unschädliche Mittel wird sich jedem Fußwanderer, wenn er es anwenden will, bewährend empfehlen.*

*

*Der Oktoberwind blies zum Abmarsch; rings sammelten sich auf sein Geheiß die Blätter der frühen Kastanien unter den Bäumen ... im Farbenwechsel kränkelte die Linde; Buche und Rusten zögerten beim Kleidertausch; nur die lombardische Pappel erhob sich über den Willen des Herbstes ...*
Nahe Innsbruck, in Hall, das er als komisches Städtchen betitelte, erwarb Kyselak einen Kahn, um zu Wasser seine Reise fortzusetzen. Diese Art der Flussfahrt erschien ihm erfreulicher als mit einem größeren Boot.
Eine Kahnfahrt mag etwas mühevoller sein als das Passagierdasein auf einem Boot oder Floß, *dafür hat man bei solch separater Fahrt keine Grobians von Schiffern beständig im Sacke, kann landen wann und wo man will, und die ganze Reise kostet – ein Bagatell!*
Man spürt aus diesen Zeilen ganz besonders, wie sehr sich Kyselak an das Alleinsein gewöhnt hatte. Es machte ihm gar nichts aus, auch weiterhin ohne Gesellschaft zu bleiben, stattdessen gleichsam mit sich allein den Fluss zu befahren. Diese Fähigkeit, nicht auf Begleitung angewiesen zu sein, die Einsamkeit ertragen zu können, sie oft vielleicht sogar zu genießen, war zweifelsfrei eine der Grundvoraussetzungen für das Gelingen der beschwernisreichen Reise Kyselaks. Wäre er mit einer Begleiterin, einem Begleiter losgezogen, so hätte er vielleicht irgendwo aufgegeben und wäre umgekehrt. Kyselak war frag-

los einer von jenen Menschen, die in allein erlebten Grenzsituationen „wachsen", stärker werden, die sich irgendwann mehr auf sich verlassen als auf jeden anderen sonst. *Allein zu reisen wie zu Lande so zu Wasser, beschloß ich fest, weil man somit die wenigsten Kalamitäten hat.*

Mit dem Kahn fuhr er also auf dem Inn ostwärts. Halt machte er in Volders, Schwaz, Jenbach, Rattenberg – *von Hall bis hierher braucht man zum Gehen neun, zu Wasser, wenn man nirgends landet, vier Stunden. Beweis genug von der ungemeinen Schnelle des Stroms.*

Hindurch unter den Bergen des Rofan zur einen Seite und dem Kaisergebirge zur andern, erreichte Kyselak Kufstein. *Die Stadt selbst ist so klein, daß man ungehindert vom oberen zum unteren Tor, oder umgekehrt, jedem Nieser Wohlsein zuwünschen kann; sie besteht eigentlich nur aus einer einzigen schiefen Gasse …*

Bald hinter Kufstein, in der Nähe von Erl, gelangte er an die Grenze des Tiroler Landes und verließ die Region, über deren Menschen er sich gründlich Gedanken gemacht hatte:

*Der brave Tiroler verläßt nicht sein Haus – Acker, seine Familie und Berge; daher auch der beharrliche Sinn, diese Heiligtümer zum letzten Blutstropfen zu verteidigen. Bieder und worttreu, ist er ebenso karg im Reden als Zutrauen; desto mehr öffnet sich sein Herz den Einwirkungen der Religion … Ziemlich geneigt wäre das Völkchen dem Trunke; allein seine Armut, seine Häuslichkeit, erlauben kaum einmal des Jahres zur Kirchweihzeit diesen Lockungen zu fröhnen … An Fleiß mangelt es in Tirol wahrlich nicht.*

Er erwähnte die Vielfalt der Tracht, unterschiedlich in Farben und Kleidungsstücken von Tal zu Tal. Wobei *ich mehrere gesehen und die männliche Tracht als zweckmäßig anrühme.* Nicht so bei den Trachten der Frauen: *Ihr kraftvoller, für Frauenzimmer beinahe zu starker Wuchs, übergeht durch die mit Pelz und Tuch ausgenähten Korsetten und hundert Falten ihrer Röcke ins Plumpe, Unbehilfliche …*

Tirol und die hohen Berge hinter sich zu lassen, fiel ihm schwer.

*Herzlichen Abschied sprach ich den Cascaden und Höhen, sie waren alle mir Freunde! – Innere Beklemmung lispelte, daß ich nie wieder hierher kommen würde. Nach ihnen mich umsehend, als wollt ich sie mitziehen in mein liebes Vaterland, winkte mir ein Alpengipfel um den anderen Lebewohl; wie Karten*

*schoben sie sich hinter einander zusammen; das Alpenspiel war geschlossen, nachdem des Tales enger Raum denen Riesen den Zutritt verbot …*

Beim Grenzübertritt wandte er sich um, nahm Abschied von dem Land, das oft als Land der Berge bezeichnet wird, und sagte ein leises „*Lebe wohl, schöne Bergwelt! Nichts verbindet ferner mich mit dir als mein Dank …*"

*

Die Alpen waren überwunden. Die größten Beschwernisse und Gefahren lagen hinter ihm. Kyselaks Reise war jedoch noch lange nicht beendet. Denn es war beileibe nicht der kürzeste Weg, den er für seine Rückkehr nach Wien zu nehmen gedachte. Kufstein, Rosenheim, Wasserburg, Altötting, Burghausen sollten entlang seiner weiteren Route liegen. Erst da begann dann der eigentliche Rückweg über Salzburg, Passau, Melk und Krems zurück in seine Heimatstadt.

Dass er die bayerischen Berge, die dem Inn noch eine ganze Weile Spalier standen, gar nicht mehr als solche wahrnahm, muss Kyselak nachgesehen werden. Wäre er von Norden gekommen, aus München, so hätte er sie wahrscheinlich für ihre Schönheit gelobt und gepriesen: Breitenstein und Wendelstein, Brünnstein und Heuberg. Nach seiner Wanderung entlang des östlichen Alpenhauptkammes und seinen hochalpinen Erlebnissen sind diese bayerischen Vorberge aber nichts weiter als „Ameishäufen" (der Ausdruck einer Südtiroler Sennerin, die bei einer Reise nach Norden durch diese Gegend kam) und als solche nicht mehr sonderlich beachtenswert. *Die Tiroler Alpen und Felsen sind verschwunden, die Häuschen der Dörfer Kirnstein, Falkenstein, Brannenburg, Degerndorf, Reischenhart, Raubling … Happing, nacheinander am linken Ufer fortlaufend, verstecken sich größtenteils zwischen Gebüsch; am rechten Ufer kann sich nichts verbergen, weil nur der einzige Markt Neubeuern und Weiler Rohrdorf auf der langen Strecke sich niederließen.*

Diese ersten Eindrücke von Bayern klingen wenig begeistert. Doch sollte Kyselak auch im bayerischen Königreich während seiner weiteren Reise noch viel Interessantes sehen, erleben und darüber immer wieder auch ins Schwärmen kommen. Doch das Abenteuer Alpen war für Kyselak zu Ende, als er Tirol verließ. Egal, was ihn noch erwartete, was an Prüfungen und heiklen Ereignissen noch zu bestehen war – das Kernstück seiner Fußreise lag hinter ihm.

*

*Nun hätte ich also eine Wanderung geschildert, zwar nur eine unbedeutende:*
*aber ich wollte beweisen, wie oft Kleinigkeiten hinreichen, den Menschen zu*
*fesseln, zu ergötzen. Nicht so glücklich durch Bestimmung oder Vermögen,*
*ferne Weltteile zu durchreisen, habe ich die Gelegenheit benützt, Österreichs*
*schöneres Paradies in manchen Richtungen zu durchforschen. Einige Mona-*
*te reichen hin, um einen Begriff von dessen zauberischer Pracht zu schöpfen.*
Mit diesen Worten begann Kyselak das Abschlusskapitel seiner „Skizzen einer Fußreise durch Österreich". Seine Reise lag schon drei Jahre zurück, als
er auf der Grundlage seiner Aufzeichnungen von unterwegs damit begann,
diesen großen Bericht zu verfassen.

Sein Buch gehört fraglos zu den bedeutendsten Zeugnissen des Alpenwanderns in jener Zeit. Und seine Wanderung selbst hatte damals in Weglänge,
Dauer, alpinen Anforderungen kaum Vergleiche. Dass er all die Wochen zumeist alleine gegangen war, viele Gefahren alleine überstanden, viele Unbilden
alleine erduldet hatte, vermag den Respekt vor seiner Leistung noch einmal
zu steigern.

Es war, das muss hier gesagt sein, nicht das letzte wagemutige Unternehmen
in Kyselaks – nicht mehr sehr langem – Leben. Große, ausgedehnte, überaus
abenteuerliche Fußmärsche sollten auf die Alpenwanderung noch folgen. Keine aber hat er so ausführlich erzählt und dargestellt wie diese – wenngleich er
das wohl noch vorgehabt hätte.

*Werden diese Blätter ... günstig aufgenommen, so will ich, da ich seitdem so*
*glücklich war, Ungarn, Italien, die Schweiz, Wittenberg, Preußen, Sachsen,*
*ganz Böhmen und Mähren, auf den nicht gewöhnlichen und bekannten Stra-*
*ßen überall zu Fuße zu bereisen ... noch einige Bändchen dem Drucke unter-*
*legen.*
Dazu allerdings sollte es nicht mehr kommen.


Im Jahr 1831 wütete in Wien – nicht zum ersten und bedauerlicherweise auch
nicht zum letzten Mal – die Cholera. Schenkt man den Aufzeichnungen von
Kyselaks Cousin Franz Glauben, so soll der abenteuererprobte Alpenwanderer die Seuche nicht sehr ernst genommen haben, soll gehofft haben, dass ihm,
der schon so viele Gefahren bestanden und alles glücklich überlebt hatte, auch
die Cholera nichts anhaben würde. „Wenn man ihm weiters noch etwas zur
Last legen wollte, so wäre es die Sucht nach Exzentricität; welche auch die Ursache seines Todes gewesen ist", so urteilt der oben genannte Cousin.

Gelacht und gespottet haben soll er über die Furchtsamen und über die Maßnahmen zur Vermeidung einer Ansteckung. Und als er schließlich selbst von der Cholera befallen war, soll er jegliche ärztliche Hilfe abgelehnt haben – er vertraute auf seine Widerstandsfähigkeit, auf seine Körperstärke, lebte die letzten Tage seines Lebens im Glauben, nichts, aber auch gar nichts fürchten zu müssen.

Der amtliche Vermerk besagt, dass Joseph Kyselak am 16. September des Jahres 1831 verstorben ist.

Eine lange Wanderung, ein kurzes Leben.

Es hat lange gedauert, bis man sich nicht nur an den „Graffiti-Maler" erinnert hat, sondern auch an den Wanderer, den Alpenwanderer, den Chronisten seiner Zeit und seiner Welt.

Es ist ein Genuss, seine Fußreise lesend nachzuvollziehen.

Ein noch viel größerer Genuss müsste es sein, sich die Zeit zu nehmen, um auf seinen Spuren durch die Alpen zu wandern.

*

*Im Fortwandern entkeimte der Wunsch meinem Herzen: Das Leben möge immer dieser Reise gleichen, mannigfaltig und flüchtig im Einzelnen, aber reich an herrlichen Minuten, und ewig langsam das Vergessen dieses Glücks!*

Literatur:

Peter Kreuzer: Das Graffiti-Lexikon. München 1986
Gabriele Goffriller (Hrsg.): Kyselak. Skizzen einer Fußreise durch Österreich. Salzburg 2009
Karl Ziak: Kyselak – Der Roman eines Sonderlings. Berlin 1940
Ernst Gehmacher: Zu Fuß durch Österreich…nachgegangen und nachgedacht von Ernst Gehmacher. Wien 1982

# „ICH HABE DAS HOCHLAND FASHIONABEL GEMACHT …"

*Kleine Selbstbiografie des Alpenwanderers Ludwig Steub*

MEIN NAME IST LUDWIG STEUB.
Geboren wurde ich am 20. Februar 1812 im kleinen Städtchen Aichach unweit von Augsburg. Mein Leben beschlossen habe ich am 16. März 1888 in der königlichen Residenzstadt München.

In den siebeneinhalb Jahrzehnten zwischen diesen beiden maßgeblichen Daten habe ich alles Mögliche getan und unternommen, beruflich wie im Privaten. Und ich habe, mit Vorliebe, die Alpen durchwandert. Gern zu Fuß, wohl aber auch mit der Kutsche und später mit der Bahn. Oh, das bayerische Hochland … und das wundervolle Land Tirol … heute noch könnte ich ins Schwärmen kommen. Auch wenn es nicht mein Hauptberuf war und nicht vor allem dem Broterwerbe diente – ganz anders als bei Heinrich Noë, der in meine Fußstapfen treten sollte –, so habe ich doch reichlich geschrieben über die Schönheit des Gebirges, über die Menschen, die dort von jeher leben, und natürlich auch über die, denen erst Kur- und Sommerfrischenaufenthalte das Bergland vertrauter gemacht haben. Ich glaube, ohne Übertreibung sagen zu dürfen, dass im Wesentlichen ich es war, der das Hochland *fashionabel* gemacht hat.

Auch wenn Sie, lieber Leser, jene Zeit nicht persönlich haben erleben dürfen, so werden Sie doch vielleicht von mir schon gehört haben.

Nicht? Auch nicht von meinem Hauptwerk „Drei Sommer in Tirol"?

Das ist mir … wie soll ich sagen … erklärlich. Einerseits. Andererseits offenbart dieser Umstand eine Kluft in der Fülle Ihres allgemeinen Wissens. Am ehesten noch entschuldbar durch Ihre Jugend. Wahrscheinlich haben Sie den Noë gelesen, haben seine Bücher gekauft, meine aber im Regal stehen lassen …

Was für mich jetzt also bedeutet, dass ich etwas weiter ausholen muss, als ich zunächst vorhatte.

Anfangen will ich also, wo alles beginnt: Am 20. Februar des Jahres 1812 kam ich, wie bereits erwähnt, in Aichach zur Welt. Von acht Kindern war ich das vierte. Mein werter Herr Vater, dessen Vorfahren aus Schruns im Montafon stammten – sein Urgroßvater muss wohl als „Schwabenkind" an den Bodensee gekommen und dann für immer geblieben sein –, war vier Jahre zuvor von Ravensburg in diese kleine, liebenswerte Stadt gekommen. Er wollte sich *eigentlich dem Lehrfache widmen, hatte auch schon mehrere Jahre zu Ravensburg Schule gehalten, war aber in der kurzen Zwischenzeit, da diese Stadt bayerisch war (1803 bis 1810), in eine königliche Kanzlei getreten und hatte sich da so brauchbar erwiesen, dass er im Jahre 1808 zum „Stiftungsadministrator" in Aichach ernannt wurde.*

Meine liebe Mutter, Josephine mit Vornamen, Wacker mit Geburtsnamen, aus Ravensburg stammend, brachte mich also in Aichach im Stadtschreiberhaus zur Welt. Das Haus steht heute leider nicht mehr. Aber eine honorige Stadtverwaltung hat die Straße, in die nun ein neues Gebäude am Platz meines Geburtshauses gestellt worden ist, nach mir benannt. Gut, es ist keine Hauptstraße, und der Fremde verirrt sich nicht leicht hierhin. Doch immerhin: Es gibt nun eine Steubstraße und am Haus mit der Nummer 6 ist eine Büste angebracht worden. Es ehrt mich. Und es freut mich. Ja, es freut mich wirklich sehr.

Nun wird sich manch einer der heutigen Leser in dem Irrglauben befinden, Stiftungsadministrator wäre eine hochdotierte Stellung gewesen und damit meine Kindheit frei von materiellen Sorgen. Dem war nicht so!

*Das Gehalt war klein.* Von meinen Geschwistern starben vier! Die sumpfige Umgebung des Städtchens erzeugte eine Malaria, die uns allen zusetzte. Jedenfalls ging der Arzt bei uns ein und aus. Schrecklich war es.

Und doch zog ich einen Nutzen daraus, der mein ganzes Leben prägen sollte: Landgerichtsarzt Scherfenacker brachte mir eines Tages ein Kräuterbüchlein mit. Ich war damals kaum älter als sechs Jahre. Konnte natürlich weder lesen noch schreiben. Aber der Doktor erklärte mir die griechische Schrift, und so begann ich, die Schönheit des Hellenischen zu entschlüsseln – ja, entschlüsseln erscheint mir als das richtige Wort. Und überhaupt kann ich sagen, dass dieses kleine Büchlein meine lebenslange Begeisterung für Sprache und Literatur begründet hat.

*Dem strengen Blick Ludwig Steubs entging nicht, wie der Tourismus die alpine Region zu verändern begann.*

Gut erinnerlich ist mir, dass ich schon ein Jahr später den „Robinson Crusoe" von Defoe in die Hände bekam. Nicht etwa so eine jämmerlich beschnittene Jugendausgabe, die Sie heutzutage erwerben können, und wo von nichts die Rede ist als vom Schiffbruch, den vielen Inseljahren und der glücklichen Rettung. Nein, was ich las, mühsam noch las, das muss ich zugeben, aber doch las von der ersten bis zur letzten Seite, vom ersten bis zum letzten Wort, das war noch die Originalfassung. Da gab es noch eine Vorgeschichte zur tragisch verlaufenden Seereise des Robinson Crusoe. Und es gab ein Leben nach der Rettung von der einsamen Insel.
Aber ich schweife ab.

Ich war ein scheues, ein schüchternes Kind. Schüchtern blieb ich auch in den Jugendjahren. Wie sagt man heutzutage? Introvertiert. Ja, ich war ein introvertierter junger Mensch. Was mich wirklich faszinierte, waren Sprachen. Auf dem Gymnasium – wir waren mittlerweile nach München übersiedelt – lernte ich Latein, Griechisch und Französisch. Ich las die alten Griechen im Original. Und zu Hause, gleichsam im Selbststudium, widmete ich mich dem Englischen, Spanischen, Portugiesischen und daneben auch noch der dänischen und schwedischen Sprache.
Am Lateingymnasium wurde meine Sprachbegabung gefördert, mein Interesse an der Kunst und hier wiederum an der klassischen Antike geweckt. Und noch etwas regte sich in diesen so jungen Jahren in mir: *Der Trieb zu wandern!*
Als ich das Alter von sechzehn Jahren erreicht hatte, gestatteten mir meine Eltern, zusammen mit einem Mitschüler zur großen „Weltfahrt" in die Schweiz aufzubrechen. *Wir gingen über Appenzell, Glarus, Uri an den Gotthard, dann hinunter an den Rhonegletscher, von da nach Grindelwald, Bern, Luzern, Zürich, Schaffhausen und kamen wohlbehalten in Ravensburg an … Die ganze Reise hatte fünfundzwanzig Tage gedauert und – dreißig Gulden gekostet. Dieses seltsame Ergebnis erklärt sich dadurch, dass wir beide nur gehen und sehen wollten, darin unsere volle Befriedigung fanden, und die strengste Askese auferlegten, nie einen Bissen oder Schoppen mehr als notwendig war zu uns nahmen.*
Ich darf ganz ohne Übertreibung sagen, dass diese erste große Wanderung in mir einen Samen zum Keimen gebracht hat, der für mein ganzes weiteres Leben bestimmend werden sollte.

Wandern! Welch ein wundervolles Tun!

Kraftvoll ausschreiten, die Welt mit dem Schritt durchmessen. Die reine Luft einsaugen. Den Wind, die Sonne, den Regen, die Kälte und die Hitze spüren. Und dazu das Faszinosum der Bergwelt …
Im Herbst 1830 unternahm ich mit sechs Freunden die nächste große Fußreise dieses Stils. Wir trafen uns in Weilheim und *wanderten von da über den Fern nach Mals, über das Wormser-Joch ins Veltellin, nach Como, Lugano, über den Simplon nach Chamonix, nach Genf, Lausanne, und über Bern und Zürich an den Bodensee.*
Ich hätte mein Leben lang so weiterwandern können. Dieses Wandern erschien mir als meine wahre Bestimmung. Wahrscheinlich hatte Gott mich genau zu diesem Zweck in diese Welt geworfen: dass ich die gesamten Alpen in der Kreuz und in der Quer erkunden würde und gleich noch all die Länder, die sich im Norden wie im Süden, im Westen wie im Osten an den großen Gebirgszug anschlossen.
Doch Neigung, Konventionen, Zufälle – diese Dreieinigkeit dachte mir einen Lebensweg zu, der nur zum Teil erwandert werden sollte.
Ich studierte, zunächst, klassische Philologie, wandte mich danach aber dem Rechtsstudium zu. Alles in allem jedoch hielt sich meine Begeisterung in Grenzen. *Am 18. November 1833 schlüpfte ich glücklich durchs Examen.* In mein Tagebuch schrieb ich: Ich bin herzlich froh, dass ich nicht mehr Student bin, und ich wäre ebenso zufrieden, wenn ich gar nicht anfangen dürfte, Praktikant zu sein.
Es war mein Wohl und mein Verhängnis zugleich, dass ich mich nie frei machen konnte von den beruflichen und gesellschaftlichen Verpflichtungen, dass ich nie nur Alpenwanderer war, sondern stets in beruflichen Pflichten stand; dass ich, mehr noch, meine Unternehmungen in freier Zeit durchführen musste, die Bereisung der alpinen Gegenden also genauso wie die Niederschrift dieser Erlebnisse und die daraus folgende Publikation meiner Bücher.
Ich wurde Rechtspraktikant beim Königlichen Landgericht Au, einer Vorstadt von München. 1832 hatte ich Gelegenheit, dienstlich, sprich: als Regentschaftssekretär des Grafen Armansperg nach Griechenland zu gelangen.
Wie fasziniert war ich vom Land der Antike, von seiner Geschichte, von seiner Bedeutung für unsere Kultur. Und doch: Ich habe mich nicht sehr wohl gefühlt in Hellas, war enttäuscht vom Griechenland jener Zeit, das nur noch we-

nig vom Ruhm des alten Athens übrig hatte. Dennoch schrieb ich über meine Reisen in Griechenland, auf dem Peloponnes und zu einigen Inseln. Ich schrieb mit Freude und, wie ich behaupten darf, mit spitzer Feder. Doch als ich dann, neun Jahre später, das Glück hatte, bei Brockhaus in Leipzig mein erstes Buch – „Bilder aus Griechenland" – zu veröffentlichen, da war diesem mit Hingabe und Genauigkeit verfassten Werk leider kein Erfolg beschieden. Es handelte sich bei diesem Buch um eine humoristische Beschreibung meiner Reise von Athen nach Korfu … Es wurde von den Kritikern in den Zeitungen und den Wenigen, die es lasen, sehr gelobt, aber es kam doch nicht auf und war bald verschollen …

Müßig, darüber noch nachzudenken, was geschehen wäre, hätte mir dieses Buch einen ansehnlichen Erfolg eingebracht. Ob ich dann die Juristerei und das Beamtenwesen an den Nagel gehängt hätte? Ob ich die Wanderstiefel geschnürt und fortan nur mehr auf Reisen gewesen wäre? Ob ich alles hingeworfen hätte: meine gesicherte Existenz eingetauscht gegen ein unstetes Leben auf Wanderschaft? So wie es einige Zeit später Noë gemacht hat, ja, dieser Heinrich Noë, der, zugegeben, einigen Erfolg hatte mit seinen Büchern … Und doch bin ich der Meinung, dass auch er nie ganz glücklich geworden ist mit seinem Leben.

Ich habe also, bald nach meiner Rückkehr aus Griechenland im Jahre sechsunddreißig, die juristischen Prüfungen abgelegt – mit besten Noten, wenn ich das noch anmerken darf –, habe während der Arbeit am Griechenland-Manuskript als Praktikant beim Stadtgericht München Dienst getan, schließlich eine Rechtsanwaltspraxis in der Au eröffnet, und mich somit gefügt in das, was landläufig als Brotberuf bezeichnet wird. Ganz darin aufgegangen bin ich jedoch nie. Ich hatte, von 1840 an, das Glück, neben meiner juristischen Tätigkeit für das „Stuttgarter Morgenblatt" schreiben zu dürfen. Man hatte mir eine Art Münchner Korrespondenz übertragen, und also berichtete ich von besonderen Ereignissen wie etwa der Hochzeit des Kronprinzen Maximilian oder der ersten Eisenbahnfahrt von München nach Augsburg im Jahr vierzig. Viel mehr freilich reizte es mich, kleine Feuilletons über meine Wanderungen in der Zeitung unterzubringen – und in der Tat, diese kleinen Geschichten über oberbayerische Orte und Gegenden waren gefragt und wurden gedruckt.

*Es war einmal im Lande Bayern ein schöner Sommerabend. An diesem schlenderte zwischen Starnberg und Gauting, an den Gestaden der Würm, welche*

*dem herrlichen See entfließt, ein einsamer Wanderer dahin, ohne sonderliche Eile, ohne andere Begleitung, als das sanfte Rauschen des Baches. Dieses Wasser fließt rasch, doch nicht ungestüm, ist nicht so hell und blau wie ein Alpenbach, vielmehr etwas gebräunt oder so, als wenn sich die Oreaden nach der Jagd in seinen Wellen gebadet hätten. Eine Menge kleiner, mit hohem Gras bewachsener, mit schönen Erlen besetzter Eilande ziert das Bett des Gewässers. Der schattige Wiesengrund an beiden Ufern, von dunklen Wäldern eingesäumt, war ehemals ein Lieblingsgang der hauptstädtischen Dichter, und man kann es wohl begreifen, dass dazumal, wo das Gebirge noch in beschwerlicher Ferne lag, die Münchner Empfindsamkeit in dem stillen Tal gar gerne ihre Selbstgespräche hielt.*

Starnberg, Ammersee und Peissenberg.
Oberammergau und Unterammergau.
Frauenchiemsee, Reichenhall und Königssee.
Diese und ähnliche Artikel aus meiner Feder erschienen sodann auch in der „Allgemeinen Zeitung" und, was mich zu Recht mit Stolz erfüllte, im Cotta'schen „Weltblatt". Schließlich gelang es, diese Feuilletons, leicht überarbeitet, im Sammelband „Aus dem bayerischen Hochland" zu veröffentlichen. Es war 1841, als eine glückliche Fügung mir einen Auftrag einbrachte, für den ich wirklich prädestiniert war. Ein Karlsruher Verlag machte sich daran, ein großes Werk herauszugeben: „Deutschland im neunzehnten Jahrhundert". *Dazu wurden verschiedene deutsche Schriftsteller geworben und die gefürstete Grafschaft Tirol mit Vorarlberg fiel in meine Hände.* Und diese Sache legte den Grundstein für jene Sammlung von Reisegeschichten, die ich als mein Hauptwerk bezeichnen möchte: „Drei Sommer in Tirol".

Doch vor dem Schreiben kam das Wandern.
Ich gewann einen Freund für die Idee, die genannte Region zu durchschreiten. Es machte mir zumeist mehr Freude, in Gesellschaft unterwegs zu sein. Nicht etwa, dass man nicht auch auf der Strecke, vornehmlich in den Orten, aber auch in den Quartieren in abgeschiedeneren Regionen interessante Leute kennenlernen würde. Aber ein Gefährte auf Wanderschaft muss doch einige Voraussetzungen erfüllen, die nicht dem Zufall überlassen sein dürfen. Er muss über Ausdauer verfügen, muss in einem ähnlichen Rhythmus zu gehen in der Lage sein, Genügsamkeit ist dringliches Gebot, und natürlich wäre es

mir unerträglich, wenn er ständig Konversation machen wollte. Glücklich schätze sich, wer solch einen Begleiter haben kann!

Würde ich den Weg unserer Wanderung auf einer großen Karte einzeichnen, so würde die unstete Linie zunächst von München an den Bodensee führen. Sodann hinauf zum Arlberg, welcher ja kein Berg ist, sondern nur ein knapp 1800 Meter hoher Übergang. Es gibt den Arlbergpass, aber es gibt auf keiner Karte einen Arlberg. Diese Anmerkung freilich soll nicht schmälern, wie eindrucksvoll dieser Schritt von Vorarlberg hinüber nach Tirol auf den Wanderer zu wirken vermag.

Es lag zeitlich noch nicht so weit zurück, dass die Überschreitung dieses Passes ein wahrhaft lebensgefährliches Unternehmen war. Zuhauf waren hier die Menschen schon gestorben – an Erschöpfung, erschlagen von Lawinen oder, noch früher, gemeuchelt von Banditen, die den ahnungslosen, von den Strapazen der Bergreise oft schon arg mitgenommenen Leuten auflauerten und sie nicht nur um ihr Hab und Gut, sondern gleich ums Leben brachten.

*„Ötz, erstes Dorf im Ötzthale, mit dem Aachenkopfe", Aquarell von Charles Brizzi (um 1870)*

*„Vent im Venterthale, gegen Norden", Aquarell von Charles Brizzi (um 1870)*

Jetzt aber, in unserer Zeit, da der Übergang seine großen Schrecken verloren hatte, da war es vor allem ein erhabenes Gefühl, inmitten hoher Bergwelt diesen Pass zu überschreiten, vorbei am Hospiz, das schon im 14. Jahrhundert begründet worden ist. Ein Hirtenbub war es, Heinrich Findelkind mit Namen, der damals auf den Gedanken kam, für die in Not geratenden Menschen eine Herberge auf der Passhöhe zu errichten. Ohne Unterlass soll er Geld dafür zusammengetragen haben.

Wir stiegen hinab ins Stanzertal, passierten die Bergdörfer St. Anton, St. Jakob, Flirsch und gelangten, zuletzt an der Rosanna entlang, hinunter nach Landeck.

*Landeck ist ein Dorf, das sich feiner ausnimmt, als manches Städtlein – anderthalbtausend Einwohner, ansehnliche Häuser, malerisch aufgestaffelt, reinliche Gassen, eine schöne Brücke, eine große gotische Kirche, ein stolzes Schloss in der Höhe – dazu ein lebendiger Strom und ragende Berge. Dieses Dorf liegt auf beiden Seiten des Inns und heißt der eine Teil linker Hand*

*Perfux, der andere Angedair, wunderliche Namen, deren Bedeutung aber doch schon gefunden ist.*

Die Linie auf unserer Landkarte würde sich nun weiter durchs Obere Inntal ziehen, dann aber südwärts schwenken, ins Ötztal hinein.

*Oberhalb Oetz also – es war ein kühler Augustmorgen, die Luft war feucht, voll jagender Frühnebel und in der Gegend knallte es lebhaft zur Feier einer Kirchweihe – oberhalb Oetz rücken die Talwände zusammen und bilden das G'steig. Der Bach stürzt in rauschenden Fällen über Felsen und Trümmer durch die Schlucht und der Weg geht daneben hinauf durch den Lärchenwald.*

Es war ein weiter Weg in diesem prachtvollen Tal. Und als wir dann nach Sölden kamen – ich muss das erzählen, auch wenn die Geschichte nur eine kleine Begebenheit am Rande war, aber oft sind es ja gerade die kleinen Begebenheiten, die im Gedächtnis bleiben und die noch lange nachwirken in der Erinnerung.

*In Sölden ist ein leidliches Wirtshaus und ein braver Wirt, mit dem wir indes trotz seiner Trefflichkeit nahezu in Streit geraten wären. Da wir nämlich den ganzen Tag über keine andere Erquickung gefunden, als zu Umhausen ein zartes Forellenpaar, so kamen wir mit etwa zehn Stunden in den Beinen bei einbrechender Nacht sehr hungrig in Sölden an und baten dringend, sie möchten uns Schweinsrippchen oder Hammelbraten oder etwas ähnliches zum Nachtmahl geben. Der Wirt entgegnete darauf, es wäre zwar Fleisch vorhanden, aber weil es Freitag sei, werde er keines zurichten lassen. Umsonst beriefen wir uns darauf, dass wir Reisende seien, umsonst ermahnten wir, er solle die Aufklärung im Ötztale nicht Lügen strafen – der Herbergsvater zu Sölden blieb bei seinem ersten Worte, und etliche gesottene Eier, die man uns vorsetzte, umschlossen denn auch in ihrer engen Schale alles was unsere weiten Bedürfnisse decken sollte.*

*Wir waren damals sehr ärgerlich über den Mann, jetzt aber nachdem die Empfindlichkeit längst vergangen, scheint mir der Wirt einer Ehrenerwähnung wert, weil er festgehalten an seiner Überzeugung und nicht für schnödes Geld Hammelbraten und Gewissensruhe hingegeben.*

Nächstentags marschierten wir nach Vent und fanden dort im berühmten Nicodemus Klotz den besten Führer über die Gletscher und hinüber ins Schnalser Tal.

So überschritten wir also den Hauptkamm der Alpen und stiegen hinab ins südliche Tirol, das spätestens ab Meran den wahren Süden ahnen lässt.

*Da sah ich sie mit Freuden wieder, die Burg von Tirol und den hohen Turm*
*der alten Stadt und alle die Schlösser und Dörfer und Höfe und Kirchen und*
*Kapellen, die auf den Bergen herum und hinauf liegen bis zu St. Katharina in*
*der Scharte und hinab bis an den Mendel, der den Boznern in die Gassen*
*schaut, alles so feierlich angemeldet durch die Donner der Etsch, die hier*
*weißschäumend in das tirolische Eden hinunterspringt. Und erst das laute*
*Entzücken, in das der nordische Gefährte ausbrach, als er zum erstenmale im*
*Leben diese südliche Schönheit sah!*

Ich schwelge. Schwelge in Erinnerungen.

Sie mögen es mir nachsehen. Allzu leicht schreibe ich mich in einen Rhythmus, der dem meines damaligen Schritts ganz ähnlich ist. Jeder Wegabschnitt kehrt in mir zurück; ich sehe jedes Detail, rieche die Aromen der Landschaft – allerdings auch ihre weniger genussvollen Ausdünstungen –, und ich höre den Wind und das Wasser, die Glocken der Kirchen, das Hämmern der Schmiede, das Lachen der Menschen am Wirtshaustisch und das Fluchen der Kutscher ob ihrer störrischen Gäule.

Alle diese Eindrücke! Sie kommen und umschwirren mich und es ist mir, als stünde ich unter einem herbstlichen Ahornbaum im Sturm: das farbige Laub um mich herum, schwebend, tanzend, vom Wind wirbelnd im Kreis geblasen. Und ich möchte sie festhalten, die farbigen Blätter. Jedes einzelne. Möchte, dass nicht eines verloren geht. Und darin verliere ich mich dann selbst. Doch wer könnte das schon verstehen …

Aber ich darf mich nicht vom Weg abbringen lassen. Muss die Linie weiterziehen, mit Tusche und Feder auf der Karte. Von Meran nach Bozen, über den Brenner nach Innsbruck, wieder zurück über den Hauptkamm, ins Pustertal, nach Bruneck, schließlich zurück nach Bozen und nach Meran.

Es war diese Wanderung, diese große, lange, vielfältig reizvolle Tour, die letztlich den Grundstein gelegt hat für meine „Drei Sommer in Tirol".

Es waren dann ja auch wirklich drei Sommer, die ich in den Bergtälern zugebracht habe: 1842, 43 und 44. Bis ich alles niedergeschrieben hatte, bis es redigiert und gedruckt war, wurde 1846 darüber.

*Das Werk wurde freundlich aufgenommen, obgleich es gar nicht zweckmäßig angelegt ist. Ich hatte nämlich zuerst die Gegenden, die mich am meisten anzogen, in Arbeit genommen und an den Notizen, die ich über Berg und Tal gesammelt, mit Zuziehung anderer literarischer Hilfsmittel lange, lange fortgeschrieben, bis ich eines Tages eine annähernde Berechnung aufstellte und*

*dabei fand, dass ich schon weit über die vereinbarten 30 Bogen hinausge-*
*kommen war. Ich strich nun manches wieder, was schon fertig, und konnte*
*mich umso weniger entschließen, neue Gegenden anzugreifen, als ich sie auch*
*nur wieder hätte streichen müssen.*

Ich glaube betonen zu müssen, welche Kärrnerarbeit es war, die erwanderten
Eindrücke zu notieren, zu sammeln, niederzuschreiben, zu überarbeiten. Sie
in eine Sprache zu bringen, die sich liest, die Stimmung erzeugt und Stimmung
wiedergibt. Alles mit dem Redakteur beim Verlag durchzusehen, wieder und
wieder. Ein Buch kann so viel größer und so viel schwieriger zu bewältigen
sein als ein sehr weiter Weg oder ein sehr hoher Berg. Und welcher Schriftsteller würde nicht unaussprechliche Hoffnungen mit seinem neuen Werk verbinden?

Wie vernichtend können dann die Enttäuschungen sein!

Die erste Ausgabe von 1846 ist ziemlich *still durch ihr langes Leben, ihre fünf-*
*undzwanzig Jahre gegangen. Mit den fünf ungebundenen und zwei gebunde-*
*nen Freiexemplaren, die ich 1846 an meine Freunde in Tirol gesandt, war der*
*Lesebedarf des ganzen Landes gedeckt.*

*Die jetzigen Tiroler kennen nur noch den Titel. Wenn ich mitunter auf der*
*Wanderschaft des Werkleins bedarf und nach ihm frage, kommen ganze Land-*
*schaften in Verlegenheit. Ein reisender Freund war einmal Innsbrucks sämt-*
*liche Buchhandlungen ausgegangen, ohne es auftreiben zu können …*

Klage ich? Klinge ich jammervoll? Aber bitte, versetzen Sie sich in meine damalige Lage. Ich war zwar nicht dringlich angewiesen auf etwaige Einnahmen
aus dem Verkauf des Buches, ich hatte mein Auskommen im juristischen Berufe, war noch ungebunden, ledig, musste mir diesbezüglich also keine größeren Sorgen machen.

Es war das Herz, das litt! Ich meine, nicht im medizinischen Sinne, zumindest
nicht vordergründig (wenngleich ich gar nicht leugnen will, dass derartige
Misserfolge, von denen es leider ja einige gab für mich, meine Gesundheit ge-
schwächt haben und vielleicht dem Tod dereinst die Sense führten). Nein, ich
spreche vor allem vom seelischen Schmerz, das eigene Kind so ungeliebt zu
sehen. Denn solch ein Werk ist wie ein Kind und seine Erschaffung mag dem
Vorgange einer Geburt im Wesen doch ganz ähnlich sein.

In der immerhin doch noch zustande gekommenen zweiten Herausgabe des
Buches im Jahre 1871 konnte ich einige mir sehr wichtige Ergänzungen an-

*„Dorfparthie aus Sölden/Rettenbach", Aquarell von Charles Brizzi (um 1870)*

bringen, so auch das Auftaktkapitel „Von München nach Bayerischzell". Daraus nun die ersten Absätze:

*Das längst Befürchtete ist eingetroffen, der Schlag ist gefallen – das bayerische Hochland ist fashionabel geworden! In Schliers gibt es bereits Marktgräfler mit Sodawasser und das Pfund Forellen um 1 fl. 30 kr.; in Tegernsee ringen fremde Prinzen, Wiener Equipagen und Pariser Toiletten wetteifernd um die Aufmerksamkeit eines auserlesenen Publikums. In den Tabledhoten findet sich allenthalben jene vornehme schweigsame Gesellschaft, die immer den Eindruck macht, als könne keines das andere ausstehen, als möchte jeder den Nachbar wenigstens nach Helgoland oder in die Pyrenäen verwünschen.*

*Um mich auch an einem Bruchstück dieser Pracht zu laben, ging ich eines Tages zur Eisenbahn und nahm ein Billet nach Miesbach.*

*Früher konnte ich mich über gar nichts ärgern – jetzt habe ich auch dies gelernt, und ärgere mich oft den ganzen Tag. In der Frühe verdross mich schon, dass die Wagen dritter Klasse des Königreichs Bayern keine Haken besitzen, so dass man bei der hydraulischen Einpfropfung, welcher die Fahrgäste trotz 250 R. unterliegen, Joppen, Ränzel und andere Reisekleinodien unter die Bank werfen muss, wonach denn auch die Füße geniert sind und die Kleinodien schmutzig werden.*

*Mittag um 12 Uhr 10 Minuten ärgerte ich mich zu Miesbach, dass sich der Posthalterssohn von \*\*\* ins Cabriolet des Omnibus setzte, welches ich selbst aspiriert hatte, in der Meinung, dass die Posthalterssöhne der Gegend in den Bauch des Wagens gehören, weil sie ihre Landschaft täglich vor Augen haben und die bequemen Schauplätze den Fremden überlassen sollen. Mit den höckerigen Sitzen der engen Kalesche versöhnten mich gleichwohl die Blumengirlanden, welche sie heute, als am Tag ihres Hinscheidens, zierten, denn morgen schon wird die Eisenbahn bis Schliers eröffnet. Sonst könnte man sich allerdings mehrfach über bayerische Omnibusse und Stellwagen ärgern, namentlich über jenen, welcher vor zwei Jahren von Wolfratshausen nach München fuhr – vielleicht jetzt noch fährt – und sich, zerrissen und zerflickt wie er war oder ist, geradezu jeder patriotischen Beschreibung entzieht. Indessen die Vorliebe für Unbequemlichkeiten jeder Art, namentlich auch für Bänke die zu schmal, für Türen die zu nieder, und für Betten die zu kurz sind, sie ist bekanntlich eine Stammeseigentümlichkeit der Bajuwaren und muss als solche geachtet werden.*

*Die Gesellschaft in Schliers scheint heuer sehr fein und sinnig zusammen ge-*
*setzt, allein meiner Sehnsucht nach Wildnis und Einsamkeit bot sie keinen*
*Ersatz. Es schien mir eine Rettung, bald im Nachen zu sitzen und zwischen*
*den grünen Bergen auf der blauen Flut dahinzuziehen.*

Es ginge weiter und weiter so. Noch viele Seiten könnte ich Ihnen vorlegen,
allein schon über den Schliersee und seinen Zauber – und zugleich über die
Borniertheit des Touristenvolks. Aber auch hier liefe ich Gefahr, mich neuer-
lich zu verlieren, vielleicht gar Sie zu langweilen.
Lassen wir deshalb ab davon und wenden uns ernsteren Themen zu.

Bereits 1843 hatte ich mich mit Tirol beschäftigt, allerdings nicht feuilletonis-
tisch, sondern geradezu wissenschaftlich: Für meine Abhandlung „Über die
Urbewohner Rhätiens und ihren Zusammenhang mit den Etruskern" – ich
habe darin darzustellen versucht, dass manche Tiroler Ortsnamen aus dem
Etruskischen abgeleitet sind und nicht, wie lange angenommen, aus dem Kel-
tischen – wurde mir von der philosophischen Fakultät der Universität der Eh-
rendoktortitel verliehen.
Auf die wunderschönen drei Sommer in Tirol und den Misserfolg mit dem
gleichnamigen Titel folgte sodann ein neuer literarischer Ausflug: die „Trom-
pete in Es", *eine seltsame Geschichte, die zwischen dem Vikar und dem Fär-
bermeister in Oberaudorf vorgefallen war und zur guten Hälfte in meinen Ak-
ten lag, weil ich letzteren vertreten hatte.*
Ein Verleger war erstaunlich schnell gefunden. Er ließ fünfhundert Büchlein
produzieren, die auch recht guten Gefallen fanden. Doch schien der Preis von 18
Kreuzern rheinisch fürs große Publikum leider dann doch zu hoch gegriffen.
Und dennoch war es eine gute Zeit, letztlich wohl meine beste. Ein Jahr später
nämlich, im Jahr 1849, brachte ich eine zweite Novelle heraus. Unter dem Titel „Das Seefräulein" erschien sie zunächst in den „Fliegenden Blättern". Ich
war zu dieser Zeit gut sechsunddreißig Jahre alt, und *zu den vielen schönen
Sachen, die mir hienieden noch abgingen, zählte ich auch eine tiefe, heiße,
phantastische Liebe. Um mir die Sehnsucht, mit der ich nach ihr lechzte, vom
Halse zu schreiben,* machte ich mich an das „Seefräulein".
Was in diesem Zusammenhang ganz besonders erfreulich war, ist der Umstand, dass ich den Auftrag bekam, dieses kleine Stückchen Prosa in ein Büh-
nenstück umzuarbeiten. Und als solches, genauer: als Lustspiel, wurde es fast

zwei Jahrzehnte später dann uraufgeführt und ist, mit Beifall, mehrfach über die Bretter des Münchner Hoftheaters gegangen.

Die guten Jahre waren ja längst noch nicht vorbei! Die Liebe, von der ich im „Seefräulein" nur geschrieben habe, ist mir, Gott sei es gedankt, auch wirklich und in natura begegnet. Am 17. Juni 1851 ging ich in München mit Emma Freiin von Lichtenstein die Ehe ein. Eine gute Ehe! Erfüllend. Dennoch ließen mich die Berge, natürlich, nicht los. Das Wandern ist eine Passion. Die Berge sind eine Passion. Wer sie gesehen hat, wer den Wind auf der Haut gespürt und die wundervolle Luft geschmeckt hat, der wird sein Leben lang nicht mehr loskommen davon. So erging es auch mir.

Und ich bin nicht nur weiterhin in jedem Sommer durch die Berge gewandert – ich habe immer auch alles aufgeschrieben, bearbeitet, druckreif gemacht; egal, wie wenig es mir das Publikum gedankt hat. Natürlich war es kein Leichtes für mich, mit anzusehen, wie Konkurrenten aufkamen und ihre Geschichten mit mehr Erfolg an die Verlage brachten, als mir es vergönnt gewesen ist. 1860 hatte ich das Buch „Das bayerische Hochland" herausgebracht. Es war mir ein Anliegen, nachdem ich so viel über ganz Tirol geschrieben hatte, nun auch *einmal für mein engeres Vaterland eine literarische Tat zu vollbringen.* Über zwanzig Jahre war ich Sommer für Sommer ins bayerische Gebirg gezogen – dem ich übrigens von Herzen zugetan bin – und ich hatte *allerlei Wanderschaftliches geschrieben, was dann im Morgenblatte oder in der Allgemeinen Zeitung erschien und in München sehr gefiel.*

Ich hatte mich darangemacht, alles zu überarbeiten und Lücken, insbesondere solche geografischer Natur, zu schließen. Als das Buch erschien, da bot es, so glaube ich, *ein ebenso unterhaltendes wie belehrendes Bild des ganzen Gebirges von Füssen bis Berchtesgaden.*

Ein schönes Buch. Wieder einmal hatte ich Grund, gewissen Stolz auf ein neues Werk zu zeigen. *Im Anfang sollen sich diese neue Erscheinung auch wirklich einige Tegernseer Bauern angeschafft haben, aber den gebildeten Familien der Hauptstadt und des Hochlandes blieb sie nahezu unbekannt.*

Zu dieser Zeit war ich allerdings längst über das Alter hinaus, wo mich solcherlei Unbill noch tief hätte erschüttern können. War ich bei früheren Verkaufsmisserfolgen deprimiert, so nahm ich es nun beinahe schon mit Gleichmut, sah darin eine scheinbar auf mich zugeschnittene Regel – und schrieb, innigst an meinem bayerischen Hochland hängend, unverdrossen weiter Skizzen für die „Augsburger Allgemeine Zeitung".

Und aus diesen, wie ich meine, überaus gefälligen Skizzen war so sodann – es war im Jahr 1862 – das Buch „Wanderungen im bayerischen Gebirge" entstanden. Diese „Wanderungen" erlebten, allen schlechten Erfahrungen zum Trotz, schon im darauffolgenden Jahr eine zweite, erweiterte Auflage – *welche mir aber insofern keinen Nutzen brachte, als der Verleger seine Zahlungen gerade in dem Augenblick einstellte, wo ich die meinige zu erhalten hoffte.*

Und dann trat dieser Noë auf den Plan. Ein junger Mann, talentiert. Sehr talentiert. Vieler Sprachen und, was in dieser Angelegenheit natürlich das Wichtigste war, seiner Muttersprache mächtig. Wie ein Stern am literarischen Himmel ging mit einem Mal dieser Heinrich Noë auf. Seine Wanderskizzen wurden von den Zeitungslesern begeistert aufgenommen, ich möchte sagen: begeisterter noch als die meinen. Und: Seine Bücher fanden eine breite Leserschaft, was mich einigermaßen sprachlos machte. Der Erfolg dieses Noë war mir ein Rätsel. Nicht, dass dieser Erfolg nicht berechtigt gewesen wäre. Er war so berechtigt wie mein Misserfolg unberechtigt. Noë schrieb gut, vielleicht etwas oberflächlich, vielleicht etwas zu sehr auf den Effekt abzielend. Aber doch sehr unterhaltsam, kurzweilig und im Stil geschliffen. Ich gönnte ihm seinen Erfolg. Und zugleich beneidete ich ihn darum. Was machte er anders als ich in all den Jahren zuvor? Warum liefen ihm die Leser nun in Scharen zu? Spätere Verlegergenerationen sollten meinen, dass er mit seinem Thema, mit seinem Stil genau den Nerv der Zeit und damit das Publikumsinteresse getroffen habe. Diese Aussage erscheint mir ein wenig vage. Und doch ließe sie sich nicht leicht durch eine andere, trefflichere ersetzen. Was allerdings den unerfreulichen Schluss zulässt, dass oft die Zufälle und glücklichen Fügungen wichtiger sind als Fleiß und Talent …

Natürlich habe ich Noë beneidet. Aber beileibe nicht in jener niederen Art, die dem anderen das Verderben wünscht. Es war nicht dieser gelbe Neid, von dem ich befallen war. Nein, Noë verdiente ja meinen Respekt, Es war wohl mehr eine Art Selbstmitleid. Was aber, schaue ich zurück, eigentlich auch nicht angebracht gewesen war. Ihm hat sein ungebundenes, abenteuerliches Leben auch nicht nur Freiheit und Glück geschenkt.

Genauer betrachtet, hat es das Schicksal mit mir doch fast besser als mit ihm gemeint. Ich hatte mein Auskommen, meine Sicherheit, mein wahres Daheim, von dem aus ich zu Wanderungen aufbrechen konnte.

1863 hatte ich das Notariat zu München übernommen. Und von da an Buch um Buch herausgegeben, Reiseschilderungen, Novellen, Lustspiele.

Dass mir wahrer Ruhm erst posthum zuteilgeworden ist, dauert mich natürlich sehr. Aber immerhin ist er mir zuteilgeworden.

Dass mich noch zu Lebzeiten, allerdings bereits im letzten Abschnitt meines irdischen Wanderwegs, noch Lobeshymnen erreichten, versöhnte mich durchaus ein wenig mit meinem Schicksal als Schriftsteller. So urteilte der renommierte Historiker und hoch angesehene Publizist jener Tage, Herr Felix Dahn: „Es ist immer eine Freude, wenn der rechte Mann das rechte Buch schreibt. Manchmal macht sich ein guter Kopf an eine schlechte Aufgabe, manchmal ein schlechter Kopf an eine gute; beides ist gleich betrübsam. Umso erfreulicher dagegen ist es, wenn eine offenbare Lücke von dem berufensten Arbeiter ausgefüllt wird." Indem er schließlich mein ganzes literarisches Schaffen würdigte, setzte er Worte, die mich sehr bewegt und bestätigt haben: „Die wenigsten Bücher Steubs haben übrigens eine zweite Auflage erlebt. Aber in diesem Fall hat der liebe Gott eben gezeigt, dass er (vermöge der providentiellen Einrichtung der Leihbibliotheken!) immer noch das Wunder verrichten kann, mit wenigen Broten und Fischen eine große Volksmenge zu sättigen: und wenn Ludwig Steub ein nicht oft aufgelegter, so ist er doch ein, auch nördlich des Thüringer Waldes, dieser Wasser- wie Ruhmes-Scheide Deutschlands, wohl gekannter, verehrter und beliebter Autor."

Mit wenigen Broten und Fischen – allein dieser Vergleich – lohnt es sich da etwa nicht, das ganze Leben lang geschrieben zu haben, das ganze Leben lang gewandert zu sein?

Und es sollte Ehrungen geben über solche flüchtigen, dem Papier anvertrauten, hinaus. Zehn Jahre nach meinem Tod – ich verstarb am 16. März 1888 in München, wo ich am Nördlichen Friedhof meine Grabstätte fand – wurde im tirolerischen Brixlegg ein Denkmal zu meinen Ehren enthüllt. An selber Stelle gab es übrigens 1912, anlässlich meines hundertsten Geburtstages, eine große Feier!

Ebenfalls zum Hundertsten wurde in Aichach jene Gedenktafel eingeweiht, die ich ja bereits geschildert habe. Nicht zu vergessen die Gedenktafel beim „Sebiwirt" in Niederndorf/Tirol.

Was mir, posthum, noch sehr bedenkenswert erscheint, ist die Tatsache, mich nun, im 20. und im 21. Jahrhundert, häufiger gedruckt und immer öfter zitiert zu sehen als zu meinen Lebzeiten. Kaum ein Reiseführer, namentlich die Kulturführer, die sich mit dem deutschsprachigen Alpenraum befassen, mit dem

bayerischen Hochland oder mit Tirol, verzichtet darauf, meine Schriften in Auszügen abzudrucken, auf mein damaliges Urteil zu verweisen, mich gleichsam als Bürgen herzunehmen – „wie bereits der gute, alte Steub gesagt hat …" –, dass es damals schon schön dort war, warum sollte es nicht immer noch schön dort sein?

Doch fürchte ich, sehr geehrte Damen, sehr geehrte Herren von den Tourismusbüros und Tourismusverbänden – Sie machen es sich und uns zu leicht. Es reicht nicht, auf die alten Zeiten zu verweisen und etwas damit heraufbeschwören zu wollen, was es so ja nicht mehr gibt.

Ich will gar nicht erst versuchen, meine gar nicht unerhebliche Mitschuld an dieser Entwicklung unter den Tisch fallen zu lassen. Mit meinen Geschichten habe ich das Hochland erst *fashionabel* gemacht – und damit etwas ausgelöst, was ich so sicher nicht gewollt habe: dass Herr Hinz und Frau Kunz sich höchstselbst auf den Weg in die Alpen machen. Und dass sie dort, weil sie nicht allein kommen, sondern gleichsam in Begleitung aller Hinze und Kunze, die es nur gibt, alles verändern und aus den Fugen gehen lassen.

Über Brixlegg, das ich schriftstellerisch seiner Unberührtheit beraubt– ja, beraubt! – habe, schrieb ich, gereift und weiser geworden, schon 1869 das Folgende: *,Es sind schon genug herinnen', sagt der Bräutigam bei Theokrit, als er mit der Braut die Türe abgeschlossen – und ungefähr dasselbe sagen auch wir Sommerfrischler von Brixlegg. ,Sehe jeder, wo er bleibe', und wer etwa in Reichenhall, in Tegernsee, in der Pertisau sein Glück gefunden, der suche es nicht andernwärts …*

Allein, solches Mahnen half nichts. Es verhallte, wie das Echo am Königssee nach einigem Hin und Zurück ganz unweigerlich verhallt.

*Dieses glaubten wir hier vorausschicken zu müssen, damit sich der Leser immer vor Augen halte, dass wir ihm unsere Schildereien nur zur Lektüre, nicht als Köder darreichen wollen. Es wäre wirklich jammerschade, wenn auch dieser stille Winkel durch übergroßen Zulauf, Vornehmheit, Equipagen, Lakaien, Toilettenpracht und andere Widerlichkeiten beliebter Sommerfrischörter wieder unzugänglich würde …*

Habe ich denn ahnen können, welche Wirkung mein Tun nach sich ziehen würde? Wie enorm die Begeisterung der Menschen schon in der zweiten Hälfte meines Jahrhunderts anwuchs. Und wie geradezu epidemisch die Heimsuchung der Alpen in den folgenden hundert Jahren geworden ist.

Den unseligsten Beitrag dazu haben vor allem jene geleistet, die sich, meinen Spuren folgend, auf die Wege gemacht haben. Zunächst noch mit Schreibfeder und Pinsel, später mit der fotografischen Kamera – und die jedes Geheimnis aus den Alpen für ein paar Kronen preisgegeben haben, für ein paar Silberlinge. Und was waren und sind diese Leute doch für Dilettanten! Wer von denen, die ein Wanderbüchlein nach dem anderen herausgebracht haben, hatte übers Wandern hinaus auch eine Liebe zum Schreiben, zur Sprache, zum Wort? Sagen Sie mir einen, nur einen aus Ihrer Zeit.

Gestammel ist das meiste. Ohne Geist. Ohne Kultur. Schade um die Bäume, die dafür zu Papier gemacht werden müssen.

Es geht, letztlich, immer um die Liebe. Um eine herzliche Zugetanheit. Selbst in der Satire kann sie zu spüren sein, ja sogar in forscher Kritik.

Die Natur habe ich geliebt. Das Gebirge, das Wetter, das Fortsein aus der Stadt. Jede Stunde war mir ein Geschenk.

Wirklich jede Stunde.

Literatur:

Die Originalpassagen, die hier kursiv in den Text eingebaut sind, stammen, wenn nicht anders angegeben, aus Ludwig Steub: Mein Leben. Breslau 1883
Die auszugsweise wiedergegebenen Berichte vom Wandern aus Ludwig Steub: Drei Sommer in Tirol. 2. Auflage 1871
Der letzte kursiv gedruckte Auszug ist entnommen aus Ludwig Steub: Sommer in Oberbayern. Heimeran Verlag, München 1960
Sehr hilfreich war überdies:
Stadt Aichach (Hrsg.): Ludwig Steub zum 100. Todestag am 16. März 1988
Felix Dahn: Über Ludwig Steub. In „Mein Leben". Breslau 1883

# VON MÜNCHEN NACH BOZEN

*Der Lebensweg des Heinrich Noë*

ES WAREN DIE WOLKEN, weiß, leuchtend weiß im hellen, klaren Blau des Himmels, die dem jungen Heinrich Noë keine Ruhe mehr ließen.

Zunächst verspürte er ihre Lockungen nur gelegentlich, nur an diesen besonderen Tagen, wenn der Föhn die Luft so samtig erscheinen ließ und die Wolken anmuteten wie der lockere Schaum auf einem kühlen Dunkelbier in einem der Wirtsgärten der königlichen Stadt.

An den Tagen dazwischen, wenn der Himmel bedeckt war, wenn Regen fiel oder Schnee, dann vergaß er diese merkwürdigen Gestimmtheiten wieder – so wie er eine Frau vergessen konnte, die ihm, am Arm eines Kavaliers durch den Englischen Garten schlendernd, ein vielsagendes Lächeln geschenkt hatte. Geht mich nichts an, dachte er. Darf mich nichts angehen, dachte er. Er war schließlich auch ein Mann von Prinzipien.

Ja, der junge Noë konnte vergessen – er war noch keine dreißig Jahre alt, hatte kürzlich promoviert, verstand sich, so sagt man, auf weit über ein Dutzend Sprachen und stand ganz zweifelsfrei am Beginn einer vielleicht nicht großen, so doch gesicherten Laufbahn und damit sorgenfreien Zukunft. Auch kam er bei den Frauen an; eine gute Partie wäre also durchaus zu machen gewesen.

Noë vermochte es, seine Begierden zu unterdrücken, sein Verlangen zu zügeln. Wenn jedoch diese hermelinweißen Wolken im bayerischen Himmelblau standen, wenn er dies sah durch die hohen Fenster der königlichen Hofbibliothek, dann bereitete es ihm nicht nur unbändige Freude, sondern auch nagenden Schmerz.

War dies hier seine Welt?

Die Welt der Bücher? Die Welt der leicht modrig riechenden Archivalien? Konnte das seine Berufung, sein Lebenswerk sein?

Oh, Heinrich Noë liebte die Sprache, die Schrift, das Buch. Er hatte vergleichende Philologie studiert, in München und in Erlangen. Sein besonderes Faible galt den „exotischen" Sprachen, wie sie hierzulande kaum jemand verstand. Den russischen Romantiker Tjutschew übertrug er 1861 ins Deutsche, das Mahabharata las er in Sanskrit.

Er wurde Bibliotheksassistent in München, sein Arbeitsplatz lag in der prachtvollen Ludwigstraße – und durch die hohen Fenster schaute der Himmel zu ihm herein und erweckte Sehnsüchte, die alles andere übertrafen.

Ich könnte alle Brücken hinter mir abbrechen, dachte er. Alles zurücklassen. Aufbrechen. Einfach davon.

Aber noch bedurfte es eines letzten Anstoßes.

Der kam in London. Als das British Museum 1862 einen Bibliothekar suchte, empfahl der Direktor der Münchner Hofbibliothek seinen Assistenten dorthin: Auslandserfahrungen sammeln, internationale Kontakte knüpfen, sich noch weiterbilden, eine Kapazität werden.

„Diese Position, mein lieber Noë, wird Ihnen Tür und Tor zur ganzen Welt öffnen. Glauben Sie mir."

Irgendwie behielt der Direktor, der zugleich Noës Mentor war, letztlich ja Recht. Über den Umweg London fand Noë seine eigentliche Bestimmung.

Der Historiker Benno Hubensteiner sagte es so: „Das Gewimmel der Millionenstadt, das Tuten der Schiffe im Waschküchennebel und die zähen Beefsteaks im Boardinghouse – das hatte Noë eigentlich nicht gesucht. Er flüchtete sich wieder heim nach München. Doch auch der Arbeitsplatz in der Hofbibliothek ödete ihn auf einmal an …"

Der Himmel … die Wolken … die Sehnsucht …

Noë fällte eine Entscheidung, die für niemanden nachvollziehbar war. Er quittierte den Dienst, ließ die Bibliothek Bibliothek sein und begann, ein Schriftsteller zu werden.

Er hatte kein großes Vermögen, keinen Auftrag, keine Sicherheit und, was den Erfolg anging, auch keinerlei Perspektiven.

Auch hatte er, bald schon, kein Arbeitszimmer mehr – denn darauf glaubte er genauso verzichten zu können wie auf einen Schreibtisch.

Und er hatte keinen Verlag.

Hinter seinem Rücken zerrissen sich seine Bekannten die Mäuler. Es ging die Rede, dass der „gschdudierte Doktor Noë völlig übergschnappt" sei. Er hörte das, was hinter seinem Rücken gesagt wurde. Aber es war ihm gleichgültig.

Er knüpfte Kontakte zu den Redaktionen der „Augsburger Postzeitung" und der „Augsburger Allgemeinen", dann packte er sein Ränzel, schnürte die Stiefel und machte sich auf den Weg.

Auf seinen Weg.

Von München nach Bozen.

Was natürlich so nicht stimmt. Heinrich Noë durchquerte in den Jahrzehnten nach seinem ersten Aufbruch hinaus aus der Stadt große Teile des deutschsprachigen Alpenraums. Zu Fuß erkundete er die Alpentäler, er wanderte zu den Orten, wo schon der Tourismus Einzug hielt, und zu den abgelegenen Weilern, wo die Zeit bereits hundert Jahre zuvor stehen geblieben schien. Er avancierte zu einem der besten Kenner der Alpenregion, und sein Wirken ist beileibe nicht zu „reduzieren" auf den Weg von München nach Bozen.

Und doch ist diese Linie auch Symbol für seinen Lebensweg. Für seine große, famose Wanderung. Ausgangspunkt München, Endpunkt die Markt- und Handelsstadt am Zusammenfluss von Talfer und Eisack.

Entlang dieser gedachten Linie lassen sich die Eckdaten zu Heinrich Noës Leben sehr gut aufstellen. Womit man ihm allerdings nicht gerecht würde.

Besser wäre, sich nicht auf einer gedachten Linie zu bewegen, sondern auf den wahren Wegen zu wandern, den Spuren Noës zu folgen, sich inspirieren zu lassen von seinen Niederschriften – und dabei sein Leben zumindest in kurzen Auszügen Revue passieren zu lassen.

Wenn es gut geht, entsteht so eine kleine Collage aus Biografischem und Dokumentarischem, aus Landschaften und Begebenheiten, aus Nostalgie und aus Zeitlosigkeit.

Als Heinrich Noë 1863/64 aufbrach – zunächst nur in seine oberbayerische Heimatregion und immer wieder zurückkehrend nach München – da nahm er sich vor, die Landschaften und Genres in Skizzen zu fassen, einem Zeichner, einem Maler ganz ähnlich, nur dass er seine Bilder mit Worten malen wollte. Auf Basisliteratur und dergleichen verzichtete er vom ersten Schritt an: *Mir widerstrebt nichts so, als etwas Gedrucktes, sei es was immer, noch einmal drucken zu lassen. Viele meiner Landsleute werden mir ihrer deutschen Vorliebe für Zitate und Büchergelehrtheit nach dafür wenig Dank wissen; allein ich denke, dass es besser ist, die Gedanken oder das Wissen eines jeden in dessen eigenem Buche zu lesen und nicht in dem eines anderen …*

Das war es, um was es ihm vor allem ging: den Büchern und den Bibliotheken, dem archivierten Wissen und den Studierzimmern den Rücken zu kehren. Un-

ter Schriftsteller verstand dieser Noë etwas ganz anderes. Nicht am Stuhl kleben, nicht die Landschaft, das Unterwegssein, die Menschen draußen fantasieren, sondern selbst erleben.

Was musste er in gelehrten Büchern nachlesen, wenn er doch genauso gut alles selbst beobachten und dann mit seinem breiten Wissen bestens abstimmen konnte? Was wollte er im Mief des Studierzimmers, wenn draußen doch der Himmel blau, die Wolken herrlich weiß und die Ferne so verlockend war? Was brauchte er einen Schreibtisch, wenn es sich doch an jedem Wirtshaustisch ebenso gut schreiben ließ?

So wurde Heinrich Noë zu einem frühen Reiseschriftsteller, zu einem Vorfahren Bruce Chatwins (1940–1989), der es sich gut hundert Jahre später ja auch nicht nehmen ließ, die Authentizität des Erlebens durch Entbehrungen und Mühsal zu erwirken. Und der, wohl ohne ihn zu kennen, wie Noë seine Reiseerlebnisse durch die ganz persönliche Brille betrachtete.

Gerüstet also mit leichtem Gepäck, höchst wachem Verstand, ehrenwerten Vorsätzen und einer in jeder Hinsicht spitzen Feder, begann Noë seine Wanderschaft. Eine Wanderschaft, die genau genommen über drei Jahrzehnte dauern sollte.

In dieser Zeit entstanden nicht nur Beiträge für die bereits erwähnten Zeitungen – es entstand Buch um Buch. „In den Voralpen. Skizzen aus Oberbaiern". „Das österreichische Seebuch". Dann „Neue Studien aus den Alpen". Und, vor allem, „Das Deutsche Alpenbuch" von 1888, das oft als sein Hauptwerk bezeichnet worden ist.

Das sind nur einige der zahlreichen Bücher, die er schnell, ungeheuer produktiv und dabei doch immer pointiert und auf hohem erzählerischen Niveau herausgegeben hat. Vieles davon erschien beim Verleger Carl Flemming – alpenfern im schlesischen Glogau. Noë wurde binnen weniger Jahre zum Erfolgsautor. Heute würde man seine Bücher Bestseller nennen, und mit etwas Glück wäre er ein reicher Mann.

Und damals? Seine Bücher verkauften sich hervorragend. Mit seinen Reise- und Landschaftsschilderungen, aber gewiss auch mit seinen genauen Beobachtungen der Menschen und ihres Daseins in den Berggebieten, traf er ganz offensichtlich den Nerv der Leute.

Aber das klingt so einfach dahingesagt. Wer waren diese Leute? Was faszinierte eine breitere Öffentlichkeit an den Bergen im ganz Allgemeinen, an Noës Schilderungen im Speziellen?

1865 wurde mit der Erstbesteigung des Matterhorns die Haupterschließung der Alpen beendet. Alle bedeutenden Gipfel waren erstiegen; bald schon folgte die alpinistische Nacherschließung, die „Eroberung der Berge" auf neuen und zumeist schwierigen Anstiegen. Die Alpen wurden zum „Playground of Europe".

Wichtiger aber als die alpinistische Euphorie waren zwei andere Umstände: Die Eisenbahn hatte längst begonnen, die Welt zu erschließen. Dieses Massenverkehrsmittel verband in immer neuen Linien die Städte mit dem Gebirge, die schon damals relativ laute und schnelllebige urbane Welt mit dem Gebirge, mit der Natur, der Unbeengtheit, der – vermeintlichen – Freiheit. Natürlich, diese neue Mobilität kam noch lange ausschließlich jenen zugute, die über gute Arbeit oder über hinreichend Vermögen verfügten. Aber natürlich wurde das Reisen nun erschwinglicher als im Zeitalter der Postkutsche, allein schon dadurch, dass weit weniger Zeit „verloren" ging. Anreisen, die mit der Kutsche noch mehrere Tagesetappen in Anspruch genommen hatten, konnten nun oft innerhalb eines einzigen Tages bewältigt werden.

Der Alpentourismus und die voralpine Sommerfrische begannen nicht erst, nachdem die Gleise bis in die hinteren Bergtäler verlegt worden waren. Aber mit der Bahn kamen die „Fremden" in immer größerer Zahl, sie mieteten die „Fremdenzimmer" und sie suchten nach Erholung in gesunder Luft und eindrucksvoller Landschaft.

Und genau in jene Zeit fielen Noës Erfolge. Er berichtete von den Landschaften, den Leuten, dem Brauchtum und den Sehenswürdigkeiten. Er tat das ohne schulmeisterliche Belehrung, ohne Rückgriff auf allzu viel Geschichtliches, ohne trockene Faktenhuberei. Er schilderte alles aus seiner ganz persönlichen Sicht: scharf beobachtet, gut durchdacht, oft hinreißend formuliert und machte damit unzähligen Menschen die Münder wässrig, weckte Sehnsüchte, die es zuvor in diesem Ausmaß vielleicht gar nicht gegeben hat.

*Am schönsten ist im Partenkirchener Tal der Morgen, der Sonnenaufgang, insbesondere im Winter. Da strahlt es heller durch die reine Luft. Am grellsten werden von der emporsteigenden Sonne zu jener Jahreszeit die Zacken des Zugspitzstockes und der Daniel getroffen, der westlich als Pyramide über die ‚Törln' hereinschaut. Im ersten Strahl der Wintersonne scheint dieser Berg zuerst orangefarben, dann erblasst er für eine Weile. Später kommt das Orange noch einmal auf der kalten Hülle zum Vorschein, bis er abermals ihre Farbe, blendendes Weiß, annimmt. Zuweilen, wenn Südwind oder Tauwetter be-*

*vorsteht, treibt die Göttin mit ihren Rosenfingern noch ein anderes Spiel.*
*Dann wechseln gelbe Streifen und rote Feuerhaufen an den Bergen, um*
*schließlich in dunstiges Mattgrau zu verfließen.*

So hat denn auch Noës Schaffen – genau wie das all seiner Nachfolger als Reise- und Alpinjournalisten – zwei ganz verschiedene Auswirkungen. Zum einen wurde er zum Dokumentaristen, zum Chronisten und natürlich zuallererst zum Entdecker. Mit dem Entdecken geht allerdings meist auch die Ursprünglichkeit verloren. Der Tourismus ergreift Besitz. Orte, Regionen, Landschaften verändern sich – und werden sich in dieser Veränderung ähnlicher, zumindest weniger unterscheidbar. Mit seinen Bestsellern, wie man seine Verkaufserfolge heute nennen würde, hat Noë dem Massentourismus ein weiteres Tor geöffnet. Doch hätte er seine Wege nicht begangen und hätte er seine Erlebnisse nicht niedergeschrieben und veröffentlicht, der Nachwelt wäre einiges von hohem Wert vorenthalten geblieben. Es gilt hier wie anderswo: Alles hat seine Rück- beziehungsweise Schattenseite. Für alles zahlt man einen Preis.

Aufgewachsen ist Noë in München, in der Gegend zwischen dem Sendlinger-Tor-Platz und dem Stadtteil Au. Die Isar und ihre Ufer waren nicht weit. Für einen Buben ein herrlicher Abenteuerspielplatz, eine große Wildnis. Doch später, als er in München aufbricht, um sich auf seine lebenslange Wanderschaft zu machen, sieht er das alles freilich schon ein bisschen anders. Notiert gallig, dass nahe der Stadt arg störend ins reizende Stillleben eingegriffen worden ist: *Man hat einträgliche Wiesen und schön abgezirkelte Pflanzungen angelegt, und an die Stelle der Heiden im grünen Wasser sind ein wohlgepflegter Park oder korrigierte Ufer getreten. Der Ammoniak der städtischen Latrinen hat nicht wenige der schönen Fremdlinge verjagt. Nach des verdienstvollen Sentner Angabe sind aus 121 Arten jener Flora seit den dreißiger Jahren, in welchen man zu verschönern begann, 57 Arten verschwunden. Es werden wohl noch mehr verschwinden, und dann wird man haben, was das aufgeklärte Jahrhundert verlangt, Heuwiesen, Kleeäcker, Kartoffelfelder und Dunghaufen.*

Der hier nun zu beschreibende „Weg" führt an der Isar entlang südwärts, den Bergen entgegen. *Unbekannte Blüten schauen den Wanderer an, der aus der Ebene den Bergen entgegenpilgert.*

Führt hindurch unter der Burg Grünwald, im Waldschatten zum Schäftlarner Kloster und an Bairawies vorbei nach Tölz. Natürlich ist Noë diesen Weg ge-

*„Feldafing mit Starnberger See und Alpenkette", Aquarell von E. T. Compton (1888)*

gangen – und im Lauf der Jahre und Jahrzehnte viele, die ihn gekreuzt haben oder parallel zu ihm verlaufen sind. Er hat auch die abseits gelegenen Dörfer des moränenhügeligen bayerischen Voralpenlandes besucht und hat auch hier gleichsam mitgeschrieben, was er entdecken und erleben konnte. Zum Beispiel im Dorf Sachsenkam, gelegen zwischen Holzkirchen und dem bereits erwähnten Tölz: *Zu Saxenkamm darf man nicht in ein Wirtshaus einkehren, wenn man nicht von Prügeln und Raufen hören will. So auch heute. Ein halbes Dutzend Tiroler ist soeben mit blutigen Köpfen heimgeschickt worden. Die königlich-bayerischen Behörden haben mit diesen Recken viel zu tun. Sie erscheinen in den Kanzlei-Papier-Annalen der Gerichte nicht nur als Raufer, sondern auch als Wildschützen und Haberer. Hier ist der klassische Boden vorälplerischer Hünenhaftigkeit ...*

Kein Dorf, kein See, kein Bach im bayerischen Oberland, zu dem Noë nicht vorgestoßen wäre. Aber sein Lebensweg, zumindest hier in dieser symbolhaften Form, vollzieht sich eben von München nach Bozen – und deshalb zurück zur richtigen Route, zurück auf Heinrich Noës Spur!

*Je näher man Tölz kommt, desto lustiger wird der Anblick des Vorlandes. Bald erscheint der ganze blaue Wall hinter einer einzigen langen Fichtenforstreihe*

*– ein Anblick, der durch das Hineinragen der dunkelgrünen Wipfel in die Berg-*
*bläue von besonderer Schönheit ist.*

Wandert man nun mit Noë weiter – unter den Waldflanken des Blombergs, des nördlichsten Berges im bayerischen Gebirg, in westlicher Richtung – so gelangt man nach Bad Heilbrunn und, daran vorbei, noch einmal in weites of-fenes Land, bestehend aus Moor und Weiden und Wiesen. Hier, in den Dör-fern Bichl, Benediktbeuern (berühmt für sein Kloster) und Kochel – durch die übrigens auch Goethe anlässlich seiner Italienreise 1786 gekommen war – wird aus den Berichten Noës sehr deutlich, dass die Vergnügungs- und Erholungs-reise bereits an die Stelle der klassischen Bildungsreise getreten war. Wer es sich leisten konnte, folgte dem „Ruf der Berge" und gönnte sich frühe Formen des „Wellness-Urlaubs" im Schatten derselben. Heute kaum zu glauben, dass ein noch immer – oder wieder – bäuerlich geprägtes Nest wie Bichl zu Noës Zeit „fashionabel" war.

*Bichl ist im Allgemeinen beliebter als Benedictbeuern, wahrscheinlich wegen*
*der besseren Unterkunft im Gasthause … Bei der Vorliebe für Bichl mag wohl*
*noch das mitwirken, dass die Bäder von Heilbrunn in Wannen ins Wirtshaus*
*gebracht werden. Denn der Kurort Heilbrunn selbst ist so langweilig, dass Ver-*
*möglichere es meist vorziehen, die Kur in Bichl zu gebrauchen, das kaum eine*
*Stunde davon entfernt ist, und dessen Wirth, wie gesagt, so die Möglichkeit gibt,*
*sich auch in einer mehr angenehmen Umgebung im Mineralwasser zu baden.*

Anders als das Dörfchen Bichl war und ist das zehn Kilometer südlich gelege-ne Kochel am See von großer touristischer Bedeutung. Damals lag dies nicht allein am erholsamen Effekt der Kombination aus kühlem See, reiner Luft und erbaulicher Jochbummelei. Findige Köpfe im Ort, aus dem der Legende nach jener Schmied stammen sollte, der 1705 den Bauernaufstand gegen die Tiroler angeführt haben soll, wussten schon damals dem Fremdenverkehr auf die Sprünge zu helfen. War es hundertzwanzig Jahre später ganz selbstverständ-lich, dass die Urlaubsorte im Alpenraum mit ständig neuen Attraktionen um die Gäste konkurrierten, so war das 1865 doch noch eine Ausnahme, der etwas für die damalige Zeit durchaus Exotisches anhaftet. Noë hat es erlebt:

*Der ‚Kocheler' Wasserfall, wie er heißt, seit das modische Bad Kochel besteht,*
*ist ein Wasserfall wie andere am Alpenrand. Er hat sich ein Loch in die Kalk-*
*felsen gebohrt, aus dem es kühlend heraufsprüht. Seine Wassermenge ist nicht*
*groß; dagegen werden die Abende gelobt, an welchen er bengalisch beleuch-*
*tet wird.*

Da sage noch einer, dass der Eventcharakter im Tourismus eine Erfindung in der zweiten Hälfte des 20. Jahrhunderts wäre …

Noë berichtet weiter ohne moralisch erhobenen Zeigefinger:

*Wenige Schritte von diesem Wassersturz entfernt ist für die Besucher des Bades eine ‚Alpe' eingerichtet. Einige zwanzig Ziegen und Böcke grasen auf dem Geröll – Sennerin und Geißbube fehlen nicht. Die Lage ist mit vielem Geschmack gewählt … Mit Zuhilfenahme einiger Phantasie kann man sich leicht auf eine wirkliche Alpenhütte versetzt glauben … Das Verzeichnis der Erfrischungen ist reichhaltig – jedenfalls ein Vorzug vor den zähen Kässtücken und Milchkübeln der Kaser. Es ist vielfach über eine solche ‚Alpe' gespöttelt worden – auch ich bin mit dem Vorurteil hierhergegangen, eine Dekoration mit Maskerade für Norddeutsche zu finden. Dem ist aber nicht so: Was Natur und verständiger Takt tun können, um einer improvisierten Gastwirtschaft in einem felsigen Walde den täuschenden Anschein einer Alpe zu geben, ist hier geschehen …*

Die auch damals durchaus bereits vorhandene Kritik an einer solchen Touristenattraktion wischt Noë mit leichter Hand weg:

*Die Prüderie umwohnender Kleriker und der Brotneid einiger, die sich durch dieses Stück eleganten Alpenlebens unangenehm berührt fanden, hat glücklicherweise nichts gegen den hübschen Gedanken auszurichten vermocht. Wo bei uns etwas Anmutiges entsteht, darf man sicher sein, dass blöde Bosheiten nicht mehr lange auf sich warten lassen …*

Es wird schnell deutlich, dass dieser Noë nicht nur ein trefflicher Beobachter und so begeisterter wie begeisternder Erzähler ist. Er verfügt auch über die Gabe, satirisch zuzuspitzen, pointiert darzustellen, mit Kritik nicht zu sparen, mit anderen Worten: sich nicht nur Freunde, sondern auch zahlreiche Gegner zu machen. Seine kessen Bemerkungen über die Wirte zu Kochel, über das langweilige Bad Heilbrunn, über die absurd erscheinende Art, einen Brief von Kochel ins nur vier Kilometer entfernte Schlehdorf zu bringen, würde wohl kaum jemanden groß gestört haben, wenn man Noë als Spinner, Wandervogel und Sonderling hätte abtun können.

Aber dieser kritische Geist wurde geschätzt und gelesen, er erreichte ein gar nicht kleines Publikum. Und so lag es auf der Hand, dass er manchem seiner Zeitgenossen ein Dorn im Aug' wurde.

„Als echter Nationalliberaler war er gegen die bayerische Professorenpolitik von 1866 … Er ärgerte sich aber genauso über alle norddeutsche Pastoren-

überheblichkeit … Er hasste den Bauernaberglauben und den alten Kirchen-barock, den katholischen Ultramontanismus – aber auch Richard Wagner und seine ‚Zukunftsmusik' … und dass der Schmied von Kochel überhaupt gelebt hatte, bezweifelte er standhaft." So charakterisierte der Münchner Publizist Benno Hubensteiner Heinrich Noë 1971 in einem Hörfunkbeitrag.

Bereits 1866, gerade einmal 31 Jahre alt, verfasste er die Schmähschrift „Ach, wie dumm geht es in Bayern zu".

Spätestens dadurch wurde ihm der bayerische Boden heiß unter den Füßen. Und so beschloss er, nach Mittenwald zu ziehen, sich hier einen kleinen Wohnsitz zu suchen, von dem aus er aufbrechen konnte zu seinen ausge-dehnten Wanderungen – und von wo aus er es nicht weit hätte hinüber nach Tirol, für den Fall, dass man ihm in Bayern „etwas anhängen" würde.

Mittenwald also, dieser historische Ort, der schon zur Römerzeit von Bedeu-tung war und der später, an der Salzstraße von Venedig nach Augsburg gele-gen, als Marktflecken Wichtigkeit erlangte. An die junge Isar gebaut, ein we-nig eingeengt zwischen dem Wettersteingebirge im Westen und dem Kar-wendel im Osten, ist Mittenwald in dieser Region die letzte größere Ansiedlung, bevor es hinübergeht ins Tirolerische.

Bereits zu Noës Zeiten war der Ort berühmt für den Geigenbau, der Ende des 17. Jahrhunderts sich hier als neues Handwerk etablierte und insbesondere durch den Meister Matthias Klotz (1653–1743) Ansehen gewonnen hatte. Ein ganz idealer Flecken für einen wie Noë, gingen hier doch kulturelles Schaffen, Tradition und großartige Natur eine ganz besondere Verbindung ein.

*Nirgends in den deutschen Alpen, als in der Mittenwalder Gegend, gelangt man auf Fahrwegen zu Höhen, auf welchen der Baumwuchs aufhört. Die güns-tige Wirkung zufällig zusammentreffender Umstände kommt auch Damen zu gut,* denkt er vor Ort laut nach, *die gerne nach der Vereins- oder Wetterstein-Alpe oder dem Schachen sich aufmachen, weil die Wege geebnet sind und man insbesondere nach dem Schachen, der doch siebenzehnhundert Meter über dem Meere steht, in Zeugstiefelchen und wie auf einem Spaziergange durch ei-nen Park gelangen kann. So leicht ist es nirgends mehr gemacht, in Abgründe von mehreren tausend Fuß Tiefe, auf Eisansammlungen und in die Werkstät-ten der Natur, in welchen die Flüsse geschaffen werden, hinein zu schauen,* resümiert Noë und nennt auch gleich die Ursache für solcherlei unbeschwer-tes Wandern: Die guten Wege bis in große Höhen seien vor allem der Neigung des Königs von Bayern zu danken – gemeint ist der Märchenschloss-Erbauer

Ludwig II. – *... auf Berggipfeln oder am Rande von Hochseen, wie drüben bei den ‚Soiern' zu wohnen ...*

Jenseits der reiseliterarischen Aufzeichnungen ist allerdings wenig zu finden über Noës Aufenthalt im Werdenfelser Geigenbaudorf.

Etwas mehr lässt sich herausfinden zu seiner Zeit in Innsbruck, wohin er, nach einigen Mittenwalder Jahren, übersiedelte. Die Rede ist von einer heruntergekommenen Kutscherkneipe, wo er im großen Oberzimmer Quartier fand. Was dieser Unterkunft an Renommee fehlte, muss der unverstellte Ausblick auf den Inn wettgemacht haben. Und die enge Verbindung von Stadt und Gebirg, von Kultur und Natur.

*Die erste der Innsbrucker Sehenswürdigkeiten bleibt ohne Zweifel das Ferdinandeum, eine Sammlung der verschiedenartigsten Dinge, welche sich auf die Geschichte, die Kunst, die Natur des Berglandes bezieht ... Viele Belehrung bietet den Freunden der Pflanzenkunde der Botanische Garten ... Wenn man alles dies gesehen hat, dann mag man immerhin in die Hofkirche gehen ...*

Rasch tut Noë ab, was der Bildungsbürger als vorrangig erachten würde. Man kann das alles sehen und besichtigen, so klingt es aus seinen Beschreibungen, man könnte, man sollte vielleicht sogar – man muss allerdings auch nicht ...

Doch dann hebt er wieder an auf eine seiner feuilletonistischen Hymnen, die das Charakteristische seiner Bücher und Hunderter von Beiträgen in Zeitungen und Zeitschriften, wie etwa der berühmten „Gartenlaube", sind:

*Ich für meinen Teil habe immer die Berge und die Pflanzungen und Stromufer, in welche sie so gewaltig herabschauen, als die anziehendste Merkwürdigkeit Innsbrucks betrachtet. Es ist nicht überall zu sehen, dass man, aus den Straßen einer Stadt ansteigend, erst durch Gärten, dann durch Wälder, Wiesen und Alpentriften endlich zu beschneiten Höhen gelangt, von welchen aus man die fernsten Spitzen des Vaterlandes erblickt ...*

Spätestens hier, in Innsbruck, zeichnet sich aber auch ab, dass Noës Leben und Noës Tun nicht im Einklang sind. Ist das Wandern, das Gehen etwas Gleichmäßiges, Kontemplatives, so ist Noës Lebensrhythmus in jenen Jahren zunehmend hektisch. Blickt man heute auf sein Schaffen, so erscheint dieser Mann weit eher gehetzt denn ausgeglichen.

In rascher Folge erscheinen seine Bücher. War es 1867 das „Österreichische Seebuch", im Jahr darauf „Frühling im Meran" und, noch im gleichen Jahr, „Neue Studien aus den Alpen", so widmete er sich 1870 „Dalmatien und seiner Inselwelt", ein Jahr später erschienen „Bilder aus Südtirol und von den

Ufern des Gardasees", 1872 schrieb er über „Elsaß-Lothringen, Naturansichten und Lebensbilder" und 1874 das „Italienische Seebuch – Naturansichten und Lebensbilder von den Alpenseen und Meeresküsten Italiens".

1875 begann er die Arbeit an seinem großen Werk, dem auf vier Bände angelegten „Deutschen Alpenbuch" (das dann bis 1888 komplett erscheinen sollte). Und 1876 kam „Winter und Sommer in Tirol" heraus.

Daneben widmete er sich auch noch der Belletristik, verfasste die „Gasteiner Novellen" (1874) und „Robinson in den Hohen Tauern" (1875). Allerdings konnte er damit nie ähnliche Erfolge erzielen wie mit seiner Reise- und Alpenschriftstellerei.

Doch als sei all dies nicht schon mehr als genug, betätigte er sich auch noch als Reporter und Berichterstatter aus Kriegs- und Krisenregionen: Für die „Wiener Neue Presse" reiste er 1873 nach Spanien, um über den Karlistenaufstand zu berichten, drei Jahre später war er auf dem Balkan unterwegs, wo die Rebellion gegen die türkische Vorherrschaft in vollem Gange war.

Auch private Veränderungen fielen in diese Zeit: Noë verheiratete sich. Über die Frau, die er zur Gemahlin nahm, ist nicht mehr bekannt, als dass sie mit Vornamen Marie hieß, aus München stammte, ihn des Öfteren schon auf seinen Wanderungen begleitet hatte. 1872 wurde die Ehe in Kroatien geschlossen, sieben Jahre später trennte er sich von der Frau, deren genaue Herkunft er nicht überliefert hat.

Überliefert und gewiss allerdings ist, dass aus dieser Ehe eine Tochter hervorgegangen ist: Maria Walpurgis Noë, von der noch zu berichten sein wird, aber etwas später erst, wenn ihr Vater Heinrich Noë den Brenner – symbolisch – überschritten hat und wirklich angekommen ist im Süden.

Ob er da der Rastlosigkeit ledig würde? Ob Noë da zur Ruhe kam?

Zur Ruhe schon – letzten Endes. Aber bis dahin war der Weg noch weit.

Noch gab es viel zu erkunden für den Schriftsteller Noë. Noch war er unterwegs im nördlichen Tirol und er ließ auch hier keinen noch so abgelegenen Flecken aus. Im Vorwort zu einem seiner Bücher schreibt er:

*Der Verfasser ist kein Sommer- oder Ferientourist, der einige müßige Wochen in angenehmer Gesellschaft die Berge durchschlendert. Wenn man die im Buche beschriebenen Erscheinungen betrachtet, so wird man finden, dass es von einer Wintersonnenwende bis zur andern keinen Monat, ja keine Woche und keinen Tag gibt, an welchem er sich seinen Gegenstand nicht beschaut hätte.*

Unterwegs ohne Unterlass, ist Noë zu „Sonnwend im Ötztal", er „malt" mit Worten „Bilder aus dem Zillertal", stößt mit einem Bergführer vor ins Hochgebirge, um sodann von seinen Abenteuern „In der Eiswelt der Stubaier Berge" zu erzählen, er umwandert den Walchsee und den Achensee, sitzt in Bauernstuben, erlauscht den Tratsch in der Spinnstube, weiß von „Hexen am Achensee" und von „Sagen im Stanzertal", er unterhält seine Leserschaft mit seinen Bekanntschaften der Landstraße und der Saumpfade, mit Hausierern, Spielzeughändlern und „Schwabenkindern".

An dieser Stelle muss ein Einschub erlaubt sein. Denn allzu wenigen ist heut noch bekannt, was die Schwabenkinder einmal waren (wenn auch der Schriftsteller Elmar Bereuter mit seinem Roman „Die Schwabenkinder" und der Filmemacher Jo Baier vor nicht allzu langer Zeit dieses Thema noch einmal in den Blickpunkt gerückt haben).

*Ich wurde nun auch gewahr, dass mich der Zufall hier einer jener Kinderscharen entgegengeführt hatte*, schreibt Noë im „Österreichischen Seebuch" von 1867, *welche im Märzmonat aus den ärmsten Tälern von Tirol hinauswandern nach den Ebenen Deutschlands, um sich durch leichte Arbeit den Sommer über durchzuschlagen und die Eltern der Sorge um die große Suppenschüssel zu entheben.*

Mit nur einem Satz gelingt es Noë, darzustellen, was es mit den Schwabenkindern auf sich hat. Doch zeigt auch dieser eine Satz, dass Noë hier, im Sozialen, nicht so genau hinschaut wie beim Beschreiben von Landschaften. Sich selbst und seiner Leserschaft gaukelt er vor, dass die Kinder nur *„leichte Arbeit"* zur verrichten hätten und ein halbwegs annehmliches Leben führen konnten. Die Realität allerdings sah oftmals anders aus. Die Kinder aus Tirol, manche erst sieben oder acht Jahre alt, wurden von den wohlhabenden Bauern oft ausgebeutet, streng gehalten, sie wurden nicht gut ernährt und so etwas wie Wärme und Geborgenheit wurde ihnen höchst selten zuteil.

Aber welche Rückschlüsse auf Noës Haltung oder seine journalistische Gründlichkeit kann man nun daraus ziehen? War er schlecht informiert? Oder wollte er die abgründige Wahrheit nicht kennen? Oder wusste er darum und verschwieg sie?

Vielleicht lebte er ja auch in dem Glauben, dass seiner bildungsbürgerlichen Leserschaft eine ungeschminkte Wahrheit über das Schicksal der Schwabenkinder nicht zuzumuten wäre. Oder dass sich das Elend nicht gut machen würde in seinen schwelgerischen Texten über die Alpenregionen. Und in der Tat:

Wer hätte damals wissen wollen, wie es diesen geplagten Kindern erging? Wen kümmert Kinderarmut heute? Wen kümmert(e) es wirklich?

Dass sich das südliche Tirol zwischen Vinschgau und Pustertal, zwischen Brenner und Salurner Klause bestens dazu eignet, die Menschen aus dem Norden zu begeistern, zu bezaubern, ja, in Bann zu schlagen und nicht mehr loszulassen, davon weiß man nicht erst, seit zur deutschen Wirtschaftswunderzeit Hunderttausende mit ihren Kleinwagen über die Pässe tuckerten und in den Restaurants froh darüber waren, dass man die Speisekarten noch in deutscher Sprache lesen konnte …

Seit der Aufklärung galt „der Süden", galt Italien als Land der Verheißung. „Alle Wege führen nach Rom" war eines der geistigen Motive des Reisens zum Mittelpunkt eines christlich-katholischen Mitteleuropas. Und die Bildungsbürger des 19. Jahrhunderts erfüllte eine besondere Sehnsucht nach dem „Land, wo die Zitronen blühen", nach antiker Hochkultur und zeitgemäßem Dolce Vita. Die Maler verherrlichten den Süden schon lange: Dürer brachte von seinen beiden Italienreisen (1494/95 und 1505) wundervolle Aquarelle mit: Städte, Dörfer und Landschaften, mal alpin, mal mediterran.

Jan Breughel entdeckte bei seiner Italienfahrt in den Jahren 1552 und 1553 „eine neue Wirklichkeit" – nicht die viel gepriesene italienische Kunst eines Michelangelo oder eines Giotto hinterließ die stärksten Eindrücke, sondern der Anblick der Alpen!

Carl Rottmann malte auf seiner Italienreise 1826/27 grandiose Landschafts- und Genrebilder. Der Süden war eine Verheißung! Dass sich die Dichter und Denker dieser Verheißung nicht verschließen wollten, liegt auf der Hand.

Johann Gottfried Seume „spazierte" im Jahr 1801 nach Syrakus – allerdings nicht auf dem Weg über den 1374 Meter hohen Brennerpass.

Dieser Route folgte 1828 Heinrich Heine und notierte in „Reise von München nach Genua", was allen Generationen nach ihm mindestens so wichtig war und ist wie die Kultur des Südens und meistens auch wichtiger als seine Geschichte: „Im südlichen Tirol klärte sich das Wetter auf, die Sonne von Italien ließ schon ihre Nähe fühlen, die Berge wurden wärmer und glänzender, ich sah schon Weinreben, die sich daran hinaufrankten, und ich konnte mich schon öfter zum Wagen hinaus lehnen …"

Ludwig Steub, Alpenwanderer aus Bayern, eine Generation älter als Noë, hat den Brenner überschritten und in seiner Buchreihe „Drei Sommer in Tirol" darüber berichtet.

*„Die Brizzihütte am Kreuzspitzboden", Aquarell von Charles Brizzi (um 1870)*

Die wohl berühmteste aller Italienreisen freilich hat 1786 Johann Wolfgang
Goethe unternommen – und zwar auf der gleichen Linie, die später Heinrich
Noës Lebensweg werden sollte: von München durchs Voralpenland, dann Mittenwald, Innsbruck, Brenner und schließlich hinab und hinein in den Süden.
Auch wenn Noë in seinen Werken nicht zitiert, was andere vor ihm erlebt und
niedergeschrieben haben, so mag man doch davon ausgehen, dass er „den
Goethe" gelesen hatte, dass er die Sehnsucht nach Italien nicht nur in sich
spürte, sondern auch um die Sehnsüchte seiner berühmten Vor-Gänger wusste. Das eigene Erleben und Empfinden basiert ja doch immer auch auf dem,
was geschätzte Ahnen mitgeteilt und nachvollziehbar gemacht haben. Keine
Biografie ist nur aus sich selbst heraus denkbar!
*Die Brenner-Straße gilt im allgemeinen für unschön oder einförmig*, notiert er
1867. *Ich teile diese Meinung nicht und habe mich erst wenige Wochen vor der
Eröffnung des Schienenweges daran gemacht, denselben Übergang von Nor-*

den nach Süden zum zehnten oder zwölften Male als Fußgänger zu betreten. Liest sich dies noch sehr ruhig, gelassen, in den Emotionen sehr reduziert, so nimmt Noës Erzählweise ein Stück weiter im Süden einen schwelgerischen Klang an. Seine Launigkeit bleibt. Auch seine Gabe, genau hinzusehen und pointiert zu formulieren. Und doch wird man den Eindruck nicht los, dass sich der Alpenwanderer, der einst in München aufgebrochen ist, hier so daheim fühlt wie kaum wo sonst.

*… den Gesunden wie den Angegriffenen gebe ich einen guten Rat,* erzählt Noë über Brixen, *wenn ich sage, sie mögen in Brixen, dem alten Bischofssitz, nicht nur aussteigen, sondern auch eine Zeitlang hier verschlendern. Im Herbst, wenn die beginnende Rauheit des Wetters viele nach Italien treibt, finden sie hier, am Zusammenfluss von Rienz und Eisack, schon milde Lüfte …*

Das Klima: mild, schon oder noch, wenn nördlich des Brenners die Jahreszeiten schroffer und härter einsetzen. Das Klima allein schon verleiht Südtirol ein besonderes Gütesiegel.

Und dann die Landschaft, die, bewegt man sich noch im Kulturraum, fast überall spektakuläre Szenerien und zugleich kleinräumig-bäuerliche Behaglichkeit bietet. Über dem gut bewirtschafteten Bauernland erheben sich sehr markant die Felsspitzen der Dolomiten. Über den Obstbäumen ragen gelb und grau die markanten Gebirgsstöcke auf. Und schließlich Kultur und Geschichte, die einem gleichsam auf Schritt und Tritt begegnen: die vielen Burgen aus dem Mittelalter, die oft uralten Höfe, die Kirchen und, an versteckten Plätzen, die prähistorischen Kultstätten.

*Die nimmermüden Glocken begleiten den Gang. In diesem Teile des Hochgebirges, wo die Leute frommer sind, als sonst irgendwo auf der Erde, hallt Glockenklang den lieben Tag fort. Und als ob es daran, an den Glocken der eigenen Stadt, noch nicht genug wäre, so mengen sich die von den Dörfern, die oben liegen, hinab und hinein und dazu noch der Widerhall von den Hängen und aus allen Schluchten und Bergfalten.*

Noë erwanderte sich das ganze südliche Tirol. Es gibt wohl kein Dorf, keinen Weiler, den er nicht wandernd, zu Fuß gehend, erkundet hätte. Er erzählte über seine Begegnungen mit den Menschen, plauderte über die landschaftlichen Besonderheiten, besichtigte Burgen und Schlösser, schaute Bauern und Handwerkern bei ihrer Arbeit über die Schultern.

Im Grödental, das zu jener Zeit noch sehr abgeschieden gelegen war und wo das Leben der Meisten nicht viel mehr als Kargheit zu bieten hatte, widmete

er sich der Kunst der Bildhauer und Spielzeugschnitzer: *Hier brennen die Lampen und hinter den Lampen sitzen die Menschen mit ihren Messern. Da häufen sich Hügel von ganz rohen Schafen, Hunden, Kühen und Ziegen, die alle im Handumdrehen gemacht werden und für deren eines nicht einmal ein ganzer Kreuzer als Entgelt abfällt. Da wachsen die Gliederpuppen und die Wiegenpferde aus Blöcken von Fichten- und Föhrenholz heraus.*

Es ist diese Geschichte vom wundervollen Grödner Kunsthandwerk (inklusive seiner Schattenseiten) ein besonderer Höhepunkt im schriftstellerischen Schaffen des Alpenwanderers. Er setzt „Bild" an „Bild" und zeigt damit die verschiedenen Facetten dieses Handwerks und des damit verbundenen Handels: *… im Angesicht des Langkofel, um den langsam die Wolken wandeln, gehen gebückte Gestalten: Weiber und Kinder. Sie beugen sich unter Tragkörben. Unter dem Tüchlein, welches oben über den Korb gebreitet ist, schauen Füße von Tieren, Schellenkappen von Hanswursten heraus. Sie ,liefern ab'. Der ,Verleger' unten in St. Christina oder St. Ulrich ist es, dem sie zuschleppen, was während der letzten Woche daheim, bei Sonnenschein oder bei Lampenlicht, von Alt und Jung aus dem Holz heraus gearbeitet worden ist.* Und noch ein Bild, das dazu passt, uns heute aber kaum mehr vorstellbar ist: *Die Holzschnitzerei in Gröden begann im Laufe der ersten Hälfte des achtzehnten Jahrhunderts. Zuerst erstreckte sie sich nur auf Rahmen. Kraxenträger schleppten diese Holzrahmen über den Berg hinüber. Schließlich wurde ein solcher Verkehr zu umständlich und zu lästig. Es lohnte sich nicht mehr, mit so geringen Vorräten weite Reisen wie nach Preußen und Russland zu machen.* Es sei nachgetragen, dass auch das Spielzeug aus Gröden derart in die Welt gelangte: Junge Burschen machten sich schwer beladen auf den Weg, zu Fuß nach den großen Städten, und sie waren oft monatelang unterwegs, um die Puppen und Holztiere und Kasperln zu interessierten Käufern zu bringen.

Anders als in der Begegnung mit den Schwabenkindern wirft Noë hier zumindest kurz ein Licht auf die Aspekte des schweren Lebens. Dass er es nicht überdeutlich tut, liegt sicher nicht zuletzt daran, dass in der zweiten Hälfte des 19. Jahrhunderts auch in den Städten die Arbeitsbedingungen für das Gros der Beschäftigten hart und oft entbehrungsreich waren. Der Chronist Noë war also von den Lebens- und Arbeitsbedingungen der Menschen weit weniger überrascht, als wir das heute sind, wenn wir vom Damals lesen. Und zum

anderen wusste er wohl intuitiv, dass die Leser seiner Bücher genau wie die Leser der beliebten Zeitschrift „Die Gartenlaube", für die er in schöner Regelmäßigkeit Beiträge schrieb, Erbauung wollten, Erbauung und Alltagsflucht – und nicht Konfrontation mit dem Elend ihrer Zeit und ihrer Welt.

All diese kleinen Südtiroler Feuilletons erschienen in Zeitungen in Österreich und in Deutschland, wurden dann gesammelt und als Buch veröffentlicht – und sie weckten bei einer anhaltend großen Leserschaft Fernweh und Reiselust.

Doch trotz des Erfolges gelang es Noë nie, sich ein wirtschaftlich unabhängiges, von finanziellen Sorgen halbwegs freies Leben zu sichern. Er musste ständig schreiben; eine Geschichte nach der anderen, ein Buch nach dem anderen. Lange Pausen hätte sein dünnes pekuniäres Polster nicht gestattet.

In den achtziger Jahren des 19. Jahrhunderts ergab sich für Noë eine glückliche und zugleich schicksalhafte Begegnung: Er lernte Friedrich Julius Schüler kennen, den Generaldirektor der österreichischen Südbahn. In ihm fand er einen Förderer und Gönner. Und von ihm bekam er Aufträge, über die Bahn zu schreiben. Ihm widmete er sein Buch „Bergfahrten und Raststätten".

Mit derselben Begeisterung, mit der er wanderte, benutzte Noë fortan die Bahn. Und mit demselben Fleiß, mit dem er bisher nur seine zu Fuß erlaufenen alpinen Eindrücke zu Papier gebracht hat, schrieb er von nun an über den Siegeszug der Eisenbahnen und über die Faszination des Reisens im Abteil.

„Nein, Noë war kein Hochtourist und kein Gipfelstürmer, sondern ein bedächtiger Bergwanderer und Genießer", notierte Benno Hubensteiner. „Und als die große Faszination der Zeit erschien auch ihm die Eisenbahn, die gerade dabei war, die großen Passhöhen zu forcieren und immer neue Bergtäler für den Fremdenverkehr aufzubrechen. Das galt weniger für Bayern …, sondern vor allem für die Österreich-Ungarische Monarchie mit ihren weltberühmten Eisenbahningenieuren."

Noë publizierte auch weiterhin ohne Unterlass. Zu seinen Wanderbüchern kamen nun solche über die Eisenbahnen. So zum Beispiel „Die Kärntner-Pustertalerbahn" und „Die österreichische Südbahn – von der Donau zur Adria". Und, was für Noë zunächst von besonderem Wert schien: Schüler überließ ihm mietfrei ein Haus in Abbazia, dem heutigen Opatija in der Kvarner Bucht. Opatija war damals noch ein Fischerort an der kroatischen Küste. Noch nicht jener noble Kurort, zu dem es bald schon werden sollte. In jedem Fall eine

Traumlage für einen Schriftsteller, der in sich Begeisterung für die Natur und großes Interesse an der Kultur vereinigte. Dem Geld seines Mäzens Schüler und Noës besondere Gabe, mit geschliffenem Wort Stimmung zu erzeugen, wird in ganz erheblichem Maß das Verdienst zugeschrieben, Opatija zum mondänen Ort gemacht zu haben. Und mehr noch: den Grundstein gelegt zu haben dafür, dass der ganze Küstenstrich für lange Zeit als „Österreichische Riviera" galt.

In Abbazia also bekam Noës Leben noch einmal eine besondere Bedeutung. Er war auf dem besten Weg, sich schon zu Lebzeiten ein Denkmal zu setzen.

Seit längerem schon lebte Noës Tochter Maria Walpurgis bei ihm. Sie unternahm zahlreiche Reisen mit ihrem Vater und begleitete ihn auf vielen Wanderungen. Sie reifte heran zu einer jungen Frau, wurde dem Vater zur Assistentin und Sekretärin, sie unterstützte ihn bei seinen Ausarbeitungen der Reiseerlebnisse, und sie begann selbst zu schreiben.

Für Heinrich Noë ist es eine gute Zeit: Das Leben vollzieht sich in gewisser Sorgenfreiheit, an Arbeit mangelt es nicht, seine Tochter unterstützt ihn und gibt ihm dabei das Gefühl, ihm nachfolgen zu wollen, in die Fußstapfen seiner Wanderstiefel zu treten.

Doch Maria Walpurgis ist kein langes Leben beschieden. Sie stirbt am 6. Mai 1894 in Abbazia.

*Am heutigen Maiensonntage verließ mein Kind, Maria Walpurgis Noë, Schriftstellerin, diese irdische Welt*, lässt Noë in die Sterbeanzeige setzen.

Er selbst ist zu diesem Zeitpunkt knapp neunundfünfzig Jahre alt.

Aber er ist schon fast am Ende seines Weges angekommen.

Der Tod der Tochter beraubt Noë seines Halts im Leben. Er verbittert rasch und zusehends. Die Schuld an Maria Walpurgis' Tod, so Noë, trug ihre ohnehin nicht sehr gute Gesundheit in Verbindung mit dem unzuträglichen Klima am Meer – insbesondere der letzte Winter soll feucht und kalt gewesen sein.

Noë gab das Haus in Abbazia auf, kehrte dem Meer den Rücken, kehrte dorthin zurück, wo sein Leben zum größeren Teil vonstatten gegangen war: in die Alpen. Und hier wiederum zu den Wegen in der Halbhöhe, noch in der Zivilisation, noch im urbar gemachten Land, aber immer auch schon mit dem Blick auf Urnatur und Wildnis.

Er suchte dort anzuknüpfen, wo er sich am wohlsten, am heimischsten gefühlt hatte, im südlichen Tirol. Dort, wo über Wein- und Obstgärten die Dolomiten in den herrlich blauen Himmel ragen, dort griff er den Faden seines alpinen

Schreibens wieder auf. Doch dieser Faden glitt ihm zunehmend durch die Finger.

Kurz gesagt: Noë erzählt nicht nur vom „welschen" Wein, er spricht ihm auch kräftig zu. Jedenfalls in einem Maße, das seinem Alter und seiner seelischen Gesundung nicht zuträglich ist.

*Der neue Wein ist ein heimtückischer Geselle. Es steckt Hinterlist – tradimento – darin, wie unsere Nachbarn sagen. Das trinkt sich so unschuldig und so lustig; gleich den Blasen kohlensauren Gases, die in dichten Garben der Ertötung entfliehen, die ihrer in der fortschreitenden Gärung wartet, dünkt uns die Wirkung. Ein Irrtum – noch glauben wir uns in nüchterner Gewöhnung befangen, und schon steigt unsere Einbildungskraft mit den Luftperlen in die Höhe und über das Gemäuer und seine Gewölbe hinaus. Es wird helle in uns … die Gesichter unserer Genossen rücken in die Ferne, der Tabaksqualm kommt uns wie jener romantische Dunst vor, in dem sich die griechischen Prophetinnen benebelten …*

Doch Noë wandert wieder: im Passeiertal und im Vinschgau, im Sarntal, im Pustertal und im Villnösstal. Noch einmal sammelt er Eindrücke von dieser außergewöhnlich prachtvollen Landschaft. Noch einmal schaut er den Menschen auf die Finger, beobachtet ihre Sitten und Bräuche und lauscht ihnen, oft im Wirtshaus, ihren Dialekt, ihre Sprüche, ihre Ausgelassenheit ab.

In Brixen lobt er den Wein: *Dem Törggelen-Wein gebührt aber auch noch anderer Ruhm. Die Hand des Menschen hat sich noch nicht erfrecht, die Gabe der Natur in Gift zu verwandeln. In Brixen wird einem reiner Wein eingeschenkt.*

Auf dem Weg nach Klausen – nicht im Tal, sondern *auf der Höhe des westlichen Mittelgebirges* – lobt er die Landschaft:

*Das Auffallendste um Tschötsch herum sind die ungeheuerlichen Kastanienbäume, deren Rinde so ausschaut, als ob der Baum wie ein Handtuch von einer Riesenfaust gewunden, ausgewrungen und gedreht worden wäre – sodann aber auch die zackigen Geislerspitzen und der schöne Überblick über das waldige Aferstal …*

Und in Bozen – seinem Bozen – preist er, noch einmal, den Süden:

*Die Üppigkeit des Bozener Bodens wird vornehmlich im Frühjahr zu bewundern sein, wenn derjenige, der vom Brenner herabkommt, überall noch das Ringen des Frühlings mit dem Winter wahrgenommen hat. Noch in Brixen haben die Nussbäume jene rauchtopasähnliche Farbe, die ihnen zukommt,*

wenn die Knospen eben aufbrechen, hier stehen sie in meergrüner Sommerpracht. Ebenso verhält es sich mit dem Laub der Weinreben, welches dort noch kaum zu sehen ist, während es hier, wenn wir auf der Wassermauer neben der Talfer hinausgehen, uns schon den Boden verbirgt. Dichtes Laub, Schwüle, Wassergeplätscher um die weißen Landhäuser, die stillen Ansitze – das bringt südlich stimmende Wirkung hervor.

Waren die Bücher der letzten Jahre schwermütig, melancholisch geworden, voller Naturmystik, ohne die bisweilen der Satire ähnelnde Heiterkeit, hat Noë mit seinem letzten Werk fast noch einmal zurückgefunden zu alter Größe und Kraft. „Edelweiß und Lorbeer" ist der Titel. Eine Hommage an Südtirol, wo er so viel und so gern gewandert ist, damals schon, und auch jetzt noch, wo seine Gesundheit bereits angegriffen war, er immer seltener die Kraft aufbrachte, sich auf den Weg zu machen.

„Der Brennerpass und die alten Bauernbadln, der Langkofel, der Nonsberg und der Gardasee", notiert Hubensteiner über „Edelweiß und Lorbeer". Und weiter: „Vor allem aber Bozen, immer wieder Bozen, das noch ganz ohne alle Industrie in seinem weiten Talkessel lag und die Münchner Schnellzugtouristen als erstes Frühlingsziel lockte."

„Edelweiß und Lorbeer – Neue Bilder aus Tirol" wurde Heinrich Noës Vermächtnis. Am 26. August 1896 erlitt er einen Schlaganfall. Das Leben des Alpenwanderers, der gut dreißig Jahre zuvor von München aufgebrochen war, um die alpine Welt zu erkunden, hatte sein Ende gefunden.

Seine Tochter hatte Noë nur um wenig mehr als zwei Jahre überlebt.

„Die Freunde trugen ihn", schreibt Hubensteiner, „der längst mit seiner Kirche zerstritten war, auf dem protestantischen Friedhof zu Grab. Für die Kosten aber ist die Kurverwaltung von Gries aufgekommen."

Dort, am Friedhof in Bozen-Gries, hat dann der Dichter Martin Greif ergreifende Verse gesprochen:

*Noë-Denkmal in Bozen*

„Der nur dem Preise seiner Alpen lebte, / Die ruhelos er zu durchmessen strebte, / Er hat in ihnen letzte Rast gefunden; / Wir aber, die auf allen seinen Fahrten / Im Geist gefolgt, ihn stets voran gewahrten, / Wir trauern, dass der Führer uns geschwunden."

Das schönste Gedenkwort, das überliefert ist, stammt aber doch vom berühmten Alpinisten Ludwig Purtscheller (1849–1900). Er nannte Noë den „bedeutendsten Alpenmaler in der Literatur"…

Trefflicher ist dieser Noë, der von sich selbst gesagt hat, er „schreibe mit dem Vergrößerungsglas", wirklich kaum zu charakterisieren.

Literatur:

Für diesen Essay wurden folgende Bücher aus dem umfangreichen Werk Noës zur Recherche genutzt:
Bayerisches Seenbuch. München 1982
Österreichisches Seenbuch. München 1983
In den Voralpen, 1865
Deutsches Alpenbuch, 1888
Seinerzeit in den Bergen. Rosenheim 1981
Ein Jahr im Gebirg. Rosenheim 1982
Südliche Täler, südliche Höhen. Rosenheim 1982

Darüber hinaus waren von besonderer Bedeutung:
Benno Hubensteiner: Biographenwege. Lebensbilder aus dem alten Bayern. München 1984
Georg Hanke (Hrsg.): Die großen Alpenpässe. Reiseberichte aus neun Jahrhunderten. München 1967

# VON DER GARTENLAUBE INS HOCHGEBIRGE

## *Wie das Bergwandern durch Theodor Trautwein in Mode gekommen ist*

GUT MÖGLICH, DASS POLLINGERS ihre Wanderlust in der „Gartenlaube" entdeckt haben. Dass sie, beispielsweise nach dem Kaffee am Sonntagnachmittag, in einigen älteren Exemplaren der Wochenschrift geschmökert haben, dass sie Erbauung, Unterhaltung und Entspannung in der Lektüre suchten, etwas, was ihnen und ihrer ganzen Generation durch „Die Gartenlaube" schon seit langem zuteilwurde. Gut möglich, dass die Pollingers, die für diese kleine Abhandlung frei erfunden sind, die es so oder ähnlich aber wohl auch gegeben haben mag, dabei auch auf einen Bericht über eine Alpenreise gestoßen sind. Eine kleine Geschichte zum Beispiel von jenem Heinrich Noë, der sich „mit so was" einen Namen gemacht hatte. Eine Geschichte, die gefühlvoll, amüsant und enthusiastisch die Schönheiten des Gebirges und die Faszination des Wanderns pries. Und die vielleicht auch noch eine Region zum Thema hatte, die den in München lebenden Pollingers erreichbar erscheinen konnte. Schließlich gab es ja nun seit geraumer Zeit die Bahn; schließlich hatte man schon länger keinen größeren Ausflug mehr unternommen; und schließlich könnte so ein Aufenthalt im Gebirge ein ganz besonders Erlebnis sein.

„Wäre das nicht etwas?", fragte er.

Dass es etwas wäre, gab sie zurück.

Man müsste jetzt nur sehen, wohin. Und wie man hinkäme. Und wo man anständig unterkommen könne. Es müsste gepflegt und niveauvoll sein, dabei aber preiswert.

„Wohin", sagte er, „ist eigentlich keine Frage." Und er las ihr, die ihn staunend ansah, aus der ein wenig zerfledderten „Gartenlaube" einige Zeilen aus einem von Heinrich Noë verfassten Artikel vor. „Höre!", sagte er.

*Das eigentlich Bezeichnende für die Berchtesgadener Landschaft ist der Wald. Man kann sie ohne weiteres einen Alpenpark nennen. Dergleichen sieht man nicht wieder von Savoyen bis zur ungarischen Ebene.*

*Vom Schwarzkopf bis zum Königssee und von dort über die Schönau nach Ramsau und Hirschbühel erstreckt sich ein vielfach von himmelblauen Bergwassern und schattigen Pfaden durchkreuzter Wald, der deshalb seinesgleichen nicht mehr hat, weil nirgends mehr durch so dichte Wipfel blaudämmernde Berge, bleiche oder sonnenglühende Schrofen und reine Schneefelder scheinen. Besonders herrlich grünt in diesem schier endlosen Alpengarten der Ahorn.*

*Wenn jemand, ohne Bergsteigen oder andere Mühe sich einen Begriff von diesem Alpenpark machen will, so gehe er vom Königssee über Unterstein nach Ramsau ...*

Er sah sie an.

Gut, sagte sie. Aber wie hinkommen? Und wo Unterkunft finden?

Man werde sehen, sagte er.


In der Lindauer'schen Verlagsbuchhandlung in der Kaufinger Straße bekamen sie ein achthundertseitiges Buch empfohlen: „Tirol. Bairisches Hochland. Allgäu. Vorarlberg. Salzburg und Oberösterreich. Steiermark. Kärnten und Krain" von einem gewissen Theodor Trautwein.

„Ein Standardwerk", sagte der Verkäufer. „Ach was", sagte er. „*Das* Standardwerk!"

Daran konnte kein Zweifel bestehen. Achthundert Seiten, hauchdünnes Papier und eng bedruckt. Schon beim ersten Durchblättern war unschwer zu erkennen, welche grandiose Fülle an Informationen geboten wurde. Dazu fünfzig gefaltete und eingearbeitete Kartenblätter.

„Egal, was Sie suchen", sagte der Buchhändler, „bei Trautwein steht es drin. Ramsau. Königssee. Berchtesgaden. Kein Problem."

Unter Route 34, No. 1–30, fand sich wirklich alles, was Pollingers wissen mussten. *Täglich 6 Züge: München – Berchtesgaden 181 km in 5½ – 7½ St.*

Über den Ort selbst dann das Folgende: *Berchtesgaden, 571 m, bei 2700 E., liegt malerisch am Gehänge des Lrecksteins und Fürstensteins, 31 m über der Talsohle der Königsseer Ache; mit dem Nonntal im N. und bis zur äußersten Villa im W. stellt es eine über 3/4 St. lange Häuserzeile dar; an den grünen Höhen ziehen sich Höfe („Lehen"), Villen u. Pensionen bis über 1100 m hinauf.*

*Berchtesgaden wurde beliebter Sommerfrische-Ort – der Watzmann zum Traum von einem Berg.*

Sodann eine Aufstellung der Gasthöfe am Markt, der Privatwohnungen und Pensionen, alles inklusive der Preisangaben, zum Beispiel also:

*Ghs. u. P. Schwabenwirt, P. 5-7 M.*

„Teuer“, flüsterte sie ihm ins Ohr.

„Da, schau“, sagte er: „Villa Grünstein. Saisontaxe nach 4täg. Aufenthalt für die Person 5 M., für Familien 8-12 M.“

Auf den Folgeseiten war vom Salzbergwerk und seiner Besichtigung die Rede, der Königssee wurde vorgestellt – *Kahnfahrt unerlässlich* – und natürlich auch all die Berge, die ihn umgaben, namentlich der Hohe Göll, der Schneibstein, der Jenner und, als Wahrzeichen der Region, der Watzmann.

Für die Pollingers aber mit das Wichtigste, waren die Spaziergänge und kleinen Wanderungen aufgeführt, insbesondere jene, die Noë seinen Lesern anempfohlen hatte. Nach Ramsau, Hintersee; lohnende Tagestour. Von Berch-

tesgaden zum Eingang der Wimbachklamm, weiter nach Ramsau, ans Süd-
ende des Hintersees, hinüber zum Wirtshaus zum Gemsbock und zur Anto-
nikapelle: *Der Ramsauer Hintersee, 787 m, 3 km lang, bis 1 km breit, 29 m tief;
wird vom Hochkalter überragt, an dem das Blaueis; im W. u. N. die Reiter-Alm
(Edelweißlahnerkopf, Wagendrischlhorn, Grundübelhörner und Stadel-
horn), im O. über der Ramsau Hoher Göll mit Hohem Brett.*
Genau das Richtige.
„Wir sind ja keine Bergsteiger“, sagte er zum Buchhändler.
„Wir möchten in die Berge, aber nur zu …“
„Zur Sommerfrische“, sagte der Buchhändler freundlich. „Da finden Sie bei
Trautwein alles, für jedes Gebiet im herrlichen deutschen und österrei-
chischen Alpenraum.“
„Aber brauchen wir da gleich das ganze Buch?“, sagte sie. „Eigentlich benöti-
gen wir doch nur ein paar Seiten.“
„Nur ein paar Seiten, gnädige Frau, gibt es leider nicht. Und …“
Der Buchhändler machte eine taktisch sehr geschickte Pause in seiner Rede …
„Wenn Sie die Berge erst einmal so richtig aus der Nähe gesehen haben, dann
werden Sie dieser Faszination erliegen. Und Sie werden immer wieder ins Ge-
birge wollen. Und dann …“
Wieder eine kleine Pause …
„Und dann ist Ihnen Trautwein der ganz ideale Ratgeber. Es gibt keinen bes-
seren Kenner unserer Alpen.“


Womit der Buchhändler wohl nicht ganz Unrecht hatte. Dieser Theodor
Trautwein war in der Tat ein besonderer Alpenkenner und dazu eine außergewöhnliche Persönlichkeit.
Geboren am 19. Dezember 1833 in Stuttgart, blieb ihm nach dem frühen Tod
seines Vaters eine eigentlich vorgezeichnete akademische Laufbahn verwehrt.
Mit Rücksicht auf die Vermögenslage der Familie trat er eine Buchhandels-
lehre an, war danach in Buchhandlungen in Oldenburg und Bonn tätig, bevor
es ihn nach München – und damit in die Nähe der Alpen – verschlug. Auf vielen Wanderungen erkundete er das Gebirge. Er betätigte sich als Wanderer
und als Bergsteiger, und er fand großen Gefallen daran, in Schrift und Rede
von seinen Unternehmungen zu berichten.
*Er hielt zahlreiche interessante Vorträge, wobei stets seine sichere Beobach-
tung auch des wirtschaftlichen Lebens der Gebirgsbevölkerung zur Geltung*

*Theodor Trautwein: Wanderer, Autor und Mitbegründer des Alpenvereins*

*kam,* ist der „Allgemeinen Deutschen Biographie" von 1895 zu entnehmen. Das ganze Alpengebiet lag vor seinem geistigen Auge wie ein offenes Buch; auch in den Teilen, die er niemals selbst betreten hatte, gab es wohl keinen Graben, keine Alm, die er nicht wenigstens dem Namen nach kannte.

Als 1863 das erste „Jahrbuch des Oesterreichischen Alpenvereins" erschien, war das für Trautwein das Beste, was man als Freund der Berge bekommen konnte. Schon allein die Idee, begeisterte Bergsteiger und Bergfreunde in einem Verein zusammenzuführen! Und dann dieses Jahrbuch, dessen Motto lautete: „Nähert die Berge den Menschen"...

Trautwein war zutiefst beeindruckt.

Im Jahr zuvor war in Wien der Österreichische Alpenverein gegründet worden, und zwar von Männern, die Alpingeschichte geschrieben haben oder dabei waren, es zu tun. Julius Payer zum Beispiel, Erschließer der Ötztaler Alpen und der Ortlergruppe, zudem Polarforscher. Friedrich Simony, der sich dem Dachsteingebirge verschrieb (die Simonyhütte auf 2205 Metern erinnert heute an ihn). Und Paul Grohmann, der Wiener Geschäftsmann, dem die bergsportliche Eroberung der Dolomiten zur Obsession werden sollte.

Trautwein selbst arbeitete zu dieser Zeit neben seiner Buchhandelstätigkeit an der Herausgabe eines praktischen Führers fürs Bayerische Hochland und die angrenzenden Regionen. Doch damit nicht genug: Die österreichische Alpenvereinsidee nun auch auf Deutschland zu übertragen, wurde fortan sein großes Anliegen.

Nur brauchte es einige begeisterungsfähige Männer mehr, um die Idee in die Wirklichkeit zu übertragen. Ausschlaggebend war wohl das Engagement des Bergmalers Gustav von Bezold, der in einem flammenden Aufruf in der „Augsburger Zeitung" die Gründung eines Bergsteigervereins forderte: *Wer glauben möchte, ein Alpenverein sei eine zwecklose Spielerei, ... der möge wissen: der Zweck ist ... die Kenntnis der Alpen zu verbreiten, die Liebe zu ihnen zu fördern und ihre Bereisung zu erleichtern ...*

Die entscheidende Persönlichkeit fand sich dann in einem jungen, bergbegeisterten Mann, dem Münchner Karl Hofmann. Im Winter 1866/67 rief er einen Alpinistentreff ins Leben; man kam im Gasthof „Blauer Esel" zusammen, *sie veranstalteten Vorträge, besprachen Sommertouren und erörterten mit heißen Köpfen die Geschehnisse in den österreichischen Alpen* (aus Nico Mailänder: „Im Zeichen des Edelweiß").

Noch allerdings mussten mehr als zwei Jahre ins Land gehen, ehe am 9. Mai 1869 in München der Deutsche Alpenverein gegründet werden konnte. Die „Gründungsväter" waren jener Karl Hofmann, der Venter „Gletscherpfarrer" Franz Senn, der Prager Alpinist Johann Stüdl – und eben Theodor Trautwein, Buchhändler, Wanderer, Alpenenthusiast aus München.

Es würde zu weit führen, all die Umstände darzulegen, warum zahlreiche Österreicher die Gründung des Deutschen Alpenvereins unterstützten. Auch

*Der aufwändig gestaltete Umschlag eines frühen Alpenvereinsjahrbuches*

ist es an dieser Stelle nicht nötig, noch einmal alle diplomatischen und undiplomatischen Winkelzüge aufzuzeigen, die der Gründung vorausgegangen sind. Es genügt festzuhalten, was Stüdl in einem Brief an einen Freund geschrieben hat: *Während der Österreichische Alpenverein nach seiner centralistischen Organisation alles nur in Wien vereinigte und den außerhalb lebenden Mitgliedern – außer dem Jahrbuch – keine Anregung bot, baute sich der Schweizer A.C. auf Sectionenbildung auf, die ihre Selbstverwaltung und Arbeitsgebiete hatten, Zusammenkünfte, Vorträge abhielten und so zur alpinen Tätigkeit beitrugen. Ich war für diese Idee sofort eingenommen …*

Vom Tag der Gründung des Deutschen Alpenvereins musste kein Jahr vergehen, ehe er mehr als 1000 Mitglieder hatte und aus 22 Sektionen bestand.

Trautwein fand im Verein ein Betätigungsfeld, das für ihn wie geschaffen war. Vom ersten Tag an bekleidete er Ämter und Funktionen, war Zweiter Vorstand und Konservator. Vor allem aber wurde er Redakteur des Jahrbuchs und später auch der Mitteilungen des Alpenvereins.

Im ersten Band des Jahrbuches, erschienen bereits im Dezember 1869, schrieb er im einleitenden Kapitel „Zum Anfang":

*Überall soll die Liebe zu den Alpen geweckt und gepflegt werden, überall, wo sich Alpenfreunde finden, soll ein Mittelpunkt für diese geschaffen werden.*

Trautwein ging in der neuen Aufgabe voll auf. Für ihn war es eine tägliche Freude zu sehen, wie der Verein wuchs und gedieh und wie die Alpen immer stärker in den Blickpunkt des Interesses gerieten. Dank seiner Position im Verein hatte er zudem gute Möglichkeiten, Entwicklungen voranzutreiben oder Fehlentwicklungen gegenzusteuern. So setzte er sich vehement für den Bau bzw. Erhalt guter Wege im Gebirge ein und er forderte immer wieder größeren Komfort auf den Berghütten – was freilich nicht nur Zustimmung fand; der „echte" Hochtourist in jener Zeit liebte noch die Parforce-Tour und nahm, als verwöhnter Städter, die Entbehrungen während der alpinistischen Unternehmung mit geradezu masochistischer Freude in Kauf.

Für Trautwein ist der Verein aber in einer weiteren Hinsicht von besonderem Interesse. Er bringt nicht nur den „Wegweiser für Reisende" heraus, sondern leistet auch die Sisyphus-Arbeit, einen Führer für Tirol und alle angrenzenden Berggebiete herauszugeben. Eine publizistische, verlegerische und auch logistische Meisterleistung. Allein das Wissen über alle Orte zusammenzutragen, über ihre jeweiligen Erreichbarkeiten, über Unterkünfte, Preise, Sehenswürdigkeiten, Wanderungen, Bergtouren, erfordert Jahre – und einen großen

Stab idealistischer Helfer. So schreibt Trautwein denn auch im Vorwort zu seinem Standardwerk „Tirol":

*Verpflichtet fühle ich mich, der Touristenwelt an dieser Stelle wiederholt meinen verbindlichsten Dank auszusprechen für das Interesse, welches sie meinen Arbeiten (die ja in erster Linie der Sache gelten), von jeher entgegengebracht hat, insbesondere danke ich für die zahlreichen und schätzbaren Notizen, welche mir – mündlich und schriftlich – von bewährten Kennern des Gebirges, ebenso von vielen Sectionsleitungen zugekommen sind, welch letztere meine Anfragen meist mit erschöpfender Gründlichkeit zu beantworten die Güte hatten.*

Und mit diesem Tirolführer, erarbeitet und herausgegeben vom Alpenvereinsgründer Theodor Trautwein, kommen also unsere Pollingers in Berchtesgaden an und finden dort ein angenehmes Quartier. Nach einigem Zögern entscheiden sie sich dafür, nicht am Hauptort selbst zu bleiben, sondern ein gutes Stück außerhalb, in Schönau, Pension zu nehmen.

Hier, am Plateau zwischen Königsseer und Ramsauer Ache, liegt, von Trautwein empfohlen, das Wirtshaus Kohlhiesl, *Café-Rest., Panorama (Pension), Aussicht!*

„Wundervoll", sagt sie. „Einfach wundervoll."

Er nickt nur.

Sie haben ein schönes Domizil gefunden. Ein gutes Quartier, angenehme Wirtsleute, sehr zufrieden stellende Verköstigung. Und, was natürlich von besonderer Wichtigkeit ist: Sie haben hier eine Vielzahl von Möglichkeiten, wandernd die Region zu erkunden.

Mit dem vorzüglichen Trautwein-Führer im leichten Gepäck – er hatte noch einen nicht zu großen Rucksack in München erworben – können sie jetzt aufbrechen zu ausgiebigen Spaziergängen und anregenden Bergwanderungen, etwa durch die rauschende Wimbachklamm, hinüber nach Ramsau oder hinauf zur Gotzenalm, um von dort eine wahrhaft königliche Aussicht auf den königlichen See und die ihn rahmenden Berge zu genießen.

„Und ins Salzbergwerk will ich auch", sagt er.

Sie zieht nicht so recht, aber ...

„Komm", sagt er. „Im Trautwein steht ..."

*Geöffnet vom Osterdienstag bis Ende Oktober. – Karten im Zechenhaus, 530 m, unten im Talgrund, wo man Bergmannskleider und ein Grubenlicht erhält (Damen in eigenem Zimmer).*

„Aber es kostet doch zwei Mark", sagte sie.

„Wenn wir schon mal da sind", gab er zurück. „Jetzt haben wir die Berge gesehen, sind viel darin herumspaziert, jetzt könnten wir, zum Schluss, doch auch noch in den Berg hineinkriechen."

„Ich weiß nicht", sagte sie.

Es ist anzunehmen, dass die Pollingers auch in den folgenden Jahren ihren „Trautwein" immer wieder genutzt haben. Dass sie noch des Öfteren Sommerfrischen genossen haben, im Werdenfelser Land vielleicht oder auf dem Mieminger Plateau oder zu Füßen des Kaisergebirges zwischen Kufstein und Ellmau. Trautweins Führer war ja von einer außerordentlichen Zeitlosigkeit und von gründlichster Genauigkeit. Auch wer noch zehn oder zwanzig Jahre später anhand dieses „Gebetbuches" die Alpen durchwanderte, fand überall den richtigen Weg. Gut, die angegebenen Preise der Gasthöfe und Hotelleriebetriebe stimmten dann wohl nicht mehr. Aber sonst – kein Problem.

Selbst hundertdreißig Jahre nach Erscheinen des Reisehandbuchs kann man sich anhand der Beschreibungen und Informationen noch immer gut im Gebirge zurechtfinden.

Was ja auch einmal eine spannende Sache wäre: Sich mit Trautweins „Tirol" auf den Weg zu machen und sich mittels seiner Routenbeschreibungen zu orientieren. Es würde gehen!

Von 1881 an bekleidete Theodor Trautwein die Stelle eines Sekretärs der königlichen Hof- und Staatsbibliothek in München. Daneben widmete er jede freie Stunde dem Gebirge, dem Wandern und Bergsteigen – und dem Alpenverein. Nicht zu vergessen: seine publizistische Leistung. Bis 1894 erscheint sein Führer „Tirol. Bairisches Hochland. Allgäu. Vorarlberg. Salzburg und Oberösterreich. Steiermark. Kärnten und Krain" in neun Auflagen – und jede dieser Auflagen wird von Trautwein penibel genau überprüft und überarbeitet. Und daneben redigiert er das Jahrbuch des Alpenvereins, schreibt selbst Beiträge, ist unermüdlich.

„Als Tourist war Trautwein ein ausdauernder Geher", ist in der „Allgemeinen Deutschen Biographie" nachzulesen, „das Erklimmen als besonders schwierig geltender Gipfel aber hatte für ihn keinen Reiz".

Auch ist Trautwein keiner jener Alpenwanderer, die hier wegen ihrer großen Unternehmungen besonders in den Blickpunkt gestellt werden. Seine Leis-

tung liegt mehr auf dem publizistischen Gebiet. Und darin, den Alpenverein mit auf den Weg gebracht zu haben.

Er ist hier vorgestellt, weil sein „Tirol. Bairisches Hochland. Allgäu. Vorarlberg. Salzburg und Oberösterreich. Steiermark. Kärnten und Krain" zeigt, dass zu Zeiten von Noë, Steub und manchen anderen bereits eine kundige Führerliteratur existiert hat. Und dass der Bergtourismus mit Nachdruck Einzug hielt in den Voralpen und in den inneralpinen Talregionen.

Trautweins Wirken als Bergfreund, Wanderer, Publizist, Redakteur und Vereinsfunktionär kann gut veranschaulichen, auf welcher gesellschaftlichen Basis die Alpenwanderer – die berühmten Pioniere und die vielen, die ihnen in den Fußstapfen gefolgt sind – unterwegs waren.


Der Besuch der Alpen, die Sommerfrische (der Winteraufenthalt steckte noch in den „Kinderschuhen" und wurde erst mit dem Aufkommen des Skilaufs zu Beginn des 20. Jahrhunderts wirklich „fashionabel"), das Wandern und das Bergsteigen wurden salonfähig, wurden zu einer Mode, die bis heute anhält. Und Trautwein war einer der Wegbereiter jener alpinen Wanderlust, indem er half, die neu geweckten Sehnsüchte nach großartiger Natur, gesunder Luft und forscher Bewegung, auch zu erfüllen.

Da erscheint es von besonderer Tragik, dass dieser Mann, noch nicht einundsechzigjährig, gerade dies, seine eigenen Sehnsüchte und seine Wanderlust, mit dem Leben bezahlen musste.

*... sollte er das Opfer eines zu raschen Marsches von Lofer nach Hochfilzen durch die Vorderkaserklamm werden, bei dem er sich zu stark erhitzte und schließlich einen kalten Trunk tat,* berichtete die „Allgemeine Deutsche Biographie".

Trautwein war an der jungen Saalach entlangmarschiert, hatte vor Weißbach den Abzweig zur Vorderkaserklamm genommen – *nicht zu versäumen! ... die ca. 400 m (10 Min.) lange Klamm verengt sich zwischen 60-80 m hohen Wänden bis zu 69 cm u. ist oben mehrfach durch Blöcke verkeilt; schöne Auswaschungen und Wasserstürze; ein kühner Treppenbau führt auf 32 Stegen u. Brücken und 17 Treppen (240 Stufen) hindurch –,* war nach der wildromantischen Klamm am Römerbach entlang hinauf zum 1200 Meter hohen Ramersattel und von da hinunter nach Hochfilzen gestiegen. Eine Tour von rund 17 Kilometern Länge plus 600 zu bewältigenden Höhenmetern. Und der Jüngste ist Trautwein jetzt auch nicht mehr ...

*Am 24. Juni 1894 nach München zurück gekehrt, legte er sich sogleich mit einer Lungenentzündung, die ihn am 2. Juli aus voller Manneskraft der Alpenforschung und seinem ausgebreiteten Freundeskreise entriss.*

Der von den Bergen begeisterte, leidenschaftliche Wanderer Theodor Trautwein war also am Ende seines Weges angekommen.

Sein Lebenswerk, der Alpenverein, das Alpenvereinsjahrbuch und die große Pioniertat des Führerwerks, sind allen nachfolgenden Wanderer-Generationen dienlich und nützlich bis heute.

Literatur:

Theodor Trautwein: Tirol. Bairisches Hochland. Allgäu. Vorarlberg. Salzburg und Oberösterreich. Steiermark. Kärnten und Krain. Innsbruck 1894 (9. Auflage)
Heinrich Noë: Deutsches Alpenbuch. 1888
Nicholas Mailänder: Im Zeichen des Edelweiß. Die Geschichte Münchens als Bergsteigerstadt. Zürich 2006

# EIN KOMISCHER HEILIGER

## *Diefenbach und seine Jünger im Karwendelgebirg*

SO SCHRITT ER DAHIN: ein weites Gewand, wie es Jesus und die Apostel wohl getragen haben, das Haar lang und wallend, der tiefe Blick eines Propheten – wer ihn und sein Gefolge traf, konnte glauben, sich hinter die Freilichtbühne des Oberammergauer Festspielhauses verirrt zu haben. In München, wo man an den Stammtischen und auf den Bänken der Biergärten nie sonderlich zimperlich war mit einer abfälligen Meinung, da verlieh man dem Karl Wilhelm Diefenbach den Schmähnamen „Kohlrabi-Apostel". Was wenig schmeichelhaft war und doch in dieser bitteren Ironie eine treffliche Charakteristik abgab. So trefflich, wie solche Abstempelungen nun einmal sein können.

Denn Diefenbach, geboren am 21. Februar 1851 im hessischen Hadamar, war das, was man auf den ersten Blick als „komischen Heiligen" bezeichnen möchte. Er vereinte in seiner Person zahlreiche Talente, ging verschiedenen Berufen und Berufungen nach, war Lebensreformer, Naturprophet, Begründer alternativer Formen des Zusammenlebens, war Dichter und Denker, und er war Künstler von einigem Erfolg. Alles in allem war dieser Diefenbach ein Original – und gerade von solch „originellen" Menschen, von ihren Visionen und/oder ihren Verschrobenheiten, gehen oftmals maßgebliche Impulse für gesellschaftliche Veränderungen aus. Kein Grund also, vorschnell einzustimmen in die Häme, die diesem Mann nicht selten zuteilgeworden ist.

Noch gar nicht erwähnt worden ist, dass Diefenbach auch ein Alpenwanderer war. Und dabei ist diese Tatsache doch der eigentliche Grund dafür, dass er an dieser Stelle zumindest kurz porträtiert wird und somit ein weiterer Aspekt des Alpenwanderns einfließen kann. Denn seine Beweggründe, im Jahre 1895 zur mehrmonatigen Tour aufzubrechen, unterscheiden sich doch sehr von denen eines Karl Albrecht Kasthofer, eines Ludwig Steub oder eines Joseph Kyselak.

Um diesen Beweggründen nachzuspüren, muss man sich, ob man mag oder nicht, auf das weite Feld der Esoterik begeben. Und letztlich ist das gut so, denn der esoterische Aspekt ist bislang ja doch ein wenig zu kurz gekommen in diesem Buch. Fast könnte man meinen, aller Antrieb zu den Alpenwanderungen wäre immer von Abenteuerlust und Forscherdrang, von Sportsgeist und Eroberungslust ausgegangen. Das hieße aber zu übersehen, dass die Berge auch ein Rückzugsgebiet sind, dass sie Raum und Zeit für die Stille gewähren, „Zeit zum Atmen", wie beinahe hundert Jahre später der deutsche Alpinist und Extremkletterer Reinhard Karl sein Buch „Erlebnis Berg" untertitelt hat. Und wenn heute auch die Alpen ungleich „bevölkerter", touristisch ziemlich umfassend erschlossen sind, so gilt doch immer noch: in den Bergen kann man die Ruhe, die Stille und, etwas esoterischer gedacht und ausgedrückt, sich selbst entdecken.

Diefenbachs Entscheidung fällt in Wien. Seine Gefährtin ist gestorben, ungeklärten Umständen zufolge ist er, bekannt als Maler, zudem um Werke und Wohlstand gebracht worden. Diefenbachs Welt ist aus den Fugen. Also bricht er mit seinen Anhängern auf zu einer Wanderfahrt, die ihn die Schrecken vergessen lassen und ihm Erholung schenken soll.

Begleitet wird er von seinen Malschülern Milosch Meixner und Rudolf Preißecker; von seinem langjährigen Freund Emil Boenisch; von Magdalene Bachmann, die seine Kinder unterrichtet, die ebenfalls mit von der Partie sind: Lucidus (9), Stella (11), und Helios (15).

Die Wanderung ist zugleich Flucht aus dieser urbanen Welt, von der er sich ziemlich schlecht behandelt sieht.

Es erging Meister Diefenbach wie so vielen von uns: Wenn die Schwierigkeiten groß sind, die Verzweiflung Raum greift, wenn wir nicht wissen, wie es weitergehen soll, dann möchten wir aus unserer Wirklichkeit entfliehen. Und viele von uns besinnen sich spätestens dann auf die Natur, sehnen sich nach der Unkompliziertheit eines natürlicheren Lebens, nach einem neuen und zugleich einfacheren Lebensrhythmus. Nur, dass von uns Heutigen wenige ihre Verankerung so zu lösen vermögen, wie das 1895 Diefenbach getan hat.

In die Berge also!

*Karl Wilhelm Diefenbach erregte allein schon mit seiner Haartracht und seiner geradezu biblischen Kleidung Aufsehen.*

„Von Touristen unterscheiden sich die Diefenbacher allerdings wesentlich durch ihre Lebensweise", schreibt Biograf Hermann Müller. „Sie suchen kostenlose Unterkunft in den Scheunen von Bauernhäusern, leben also auf Handwerksburschenart oder wie die späteren Wandervögel. Als reisende Künstler und zugleich Staunen erregende Lebensreformer, die ihre Gesinnung sichtbar und in Worten vertreten, werden sie meist mit Vorzug behandelt, öfters mit Verbilligungen oder Kostenerlass beschenkt, manchmal jedoch auch als nicht einzuordnende Fremdlinge abgewiesen."

Immerhin erstaunlich, dass diese Gruppe nicht häufiger Ablehnung erfährt! Ist sie doch die Vorläuferin jener Kommunen, die gut siebzig Jahre später eine spießbürgerliche bundesrepublikanische Gesellschaft aus der Fassung bringen. Nichts, was die Kommunarden um Langhans und Teufel in den späten Sechzigern des 20. Jahrhunderts propagiert haben, ist wirklich neu – Diefenbach und seine Anhängerschar hat alles vorgelebt: vom „alles gehört allen" über den Verlust der Privatsphäre bis hin zur freien Liebe (was vor allem große Freiheit in der Ausübung der Sexualität meint).

So setzen sich die Diefenbacher also zusammen aus seinen Malschülern Meixner, von Spaun und Preißecker, aus seinen Kindern Lucidus, Stella und Helios, aus der Lehrerin seiner Kinder, Magdalene Bachmann, und einem rumänischen Geiger namens Leo. Mit Leiterwagerln und mit einfachen Zelten ist man unterwegs, zieht, oft noch die Bahn benutzend, von Wien über Mürzzuschlag nach Leoben, nach Bischofshofen und weiter ins Gasteiner Tal, nach St. Johann, Zell am See, Wörgl und Jenbach, und schließlich am Tiroler Achensee entlang und hinein ins Karwendelgebirge.

Magdalene Bachmann hat über diese lange Wanderreise ein ganz einfaches Tagebuch geführt, ungekünstelt und in sehr schlichtem Stil:

*7. Juni 1895*
*… gingen wir um ¼ Uhr nach dem Sonnwendstein. Der Meister war von den Anstrengungen der letzten Zeit noch so erschöpft, dass er sich auf beiden Seiten, auf Dr. Boenisch und mich, fest aufstützen musste, um überhaupt gehen zu können.*

*12. Juni*
*… suchten wir den Nickelbauern auf, der dem Meister empfohlen worden war als reicher Bauer, der einen Heuboden habe. Das Haus lag ziemlich hoch am*

*Berge. Er empfing uns sehr misstrauisch, verlangte Legitimation und sagte, er
habe nichts für uns.*

*18. Juni*
*... Nach langen Anstrengungen gelangten wir an den Reetsee und gingen in
eine verlassene Sennhütte; es war ½ Uhr nachts ... Ich schlief ein wenig, zu-
sammengekauert, mich an den Meister anlehnend, zitternd vor Kälte. Einhalb
fünf Uhr rief der Meister auf zum Fortgehen.*

*3. Juli*
*Der Meister führte sich ein, indem er sagte, er habe ein Gelübde getan, mit uns
den ganzen Sommer nicht ins Bett zu kommen sondern im Heu zu schlafen ...*

Das Karwendelgebirge ist schon vor 115 Jahren keine unberührte Region mehr.
Die tief eingeschnittenen Täler sind der Lebensraum reicher Wildbestände –
und damit gefragte Jagdreviere. Der Adel und Leute aus der wohlhabenden
Oberschicht unterhielten überall im Karwendel mehr oder minder komfor-
table Jagdhäuser und -hütten. Und zu einigen dieser Jagdherren hat Diefenbach als „Haus- und Hofmaler" bereits recht gute Beziehungen. So ist es gut
nachvollziehbar, dass er hier, in dieser unglaublich wilden und herb-schönen
Landschaft, noch längere Zeit zubringen möchte.
Diefenbachs eigenwillige Gruppe wandert vom Achensee über das Plumsjoch
nach Hinterriß. Beim Alpenhof finden sie Unterschlupf auf dem Heuboden;
nächstentags besuchen sie das nahe Jagdschloss des Herzogs von Sachsen-
Coburg-Gotha; der dort tätige Forstmeister gibt ihnen Rat, wo sie vielleicht
für den Sommer würden unterkommen können. Er empfiehlt ihnen einige
leer stehende Sennhütten im stillen Rontal, das sich von Nordosten her gen
Steinkarlspitze und Östliche Karwendelspitze zieht. Diefenbach hat dabei einen Hintergedanken – er hofft, mit dem Herzog in Kontakt treten und ihm seine Dienste als Maler von gewissem Rang anbieten zu können. Auch das ein-
fachste Leben kostet Geld ... Hinzu kommt, dass Diefenbach in der Tat ein be-
seelter Künstler ist, der im Stile des Symbolismus voller Naturmystik den Nerv
der Zeit trifft.
Noch muss draußen im Voralpenland einiges erledigt werden, noch steht der
ganz unselige Alltag zwischen dem Augenblick und dem geplanten Sommer
im Karwendel. Aber die Diefenbacher wandern schon einmal hinein ins

Rontal. *Wir kamen nach vielem allmählichen Steigen auf eine weite, weite Wiese, von Bäumen und Bergen malerisch umschlossen.* Sie treffen auf Sennen und entdecken die leeren Hütten. Von den Sennen werden sie zur Jause eingeladen, doch die ist spartanisch: *Wir aßen Käse und Brot, das schimmlig war, und Butter.*

Was ihrer Begeisterung keinen Abbruch tut – Diefenbach, der Meister, entscheidet, in ein paar Wochen wieder hier zu sein! Er plant, mit Ölfarben und Leinwand zurückzukommen, um hier, in der Bergeinsamkeit, zu malen und die Bilder dann dem Herzog anzubieten.

Am nächsten Morgen überqueren sie die Grenze zwischen Tirol und Bayern und gelangen nach Vorderriß. Dieser Weiler am Zusammenfluss von Rißbach und Isar besteht aus drei Gebäuden: dem von König Max II. erbauten „Königshaus", einem kleinen Kirchlein und dem Forsthaus, wo von 1856 bis 1873 Ludwig Thomas Vater Oberförster war und wo der „bayerische Bauernpoet" und Simplicissimus-Autor seine Kindheitsjahre verbracht hat. „Meine ersten Erinnerungen knüpfen sich an das einsame Forsthaus", schrieb Thoma in seinen „Erinnerungen", „an den geheimnisreichen Wald, der dicht daneben lag, an die kleine Kapelle, deren Decke ein blauer, mit vergoldeten Sternen übersäter Himmel war."

Auf der Isar bei Vorderriß findet Diefenbachs Wander-Kommune eine Gelegenheit, mit dem Floß bis Tölz mitgenommen zu werden. Von dort ziehen sie dann zu Fuß über Königsdorf und Wolfratshausen bis Dorfen, wo Diefenbach bis 1892 so etwas Ähnliches wie einen festen Wohnsitz hatte …

Am 6. August anno 1895 nehmen die Diefenbacher den umgekehrten Weg, wandern nun südwärts, ziehen durch Königsdorf und Bad Tölz bis nach Lenggries. Im Schloss Hohenburg, am Eingang des Hirschbachtales und am Fuße des Lenggrieser Geiersteins gelegen, machen sie erste Station. Hier ist Diefenbach bestens bekannt; Schlossherr Herzog von Hessen-Nassau hat den Künstler in früheren Jahren gefördert und ihn für verschiedene Malaufträge hierhergeholt. Hier können sie die Nacht verbringen, bevor es weitergeht ins Karwendel, ins richtige Gebirge. Erreichen die Bayerischen Voralpen in der Gegend von Lenggries gerade einmal Höhen bis zu 1800 Metern, so ist das Karwendel mit seinen über 2700 Meter hohen Erhebungen dagegen ein Hochgebirge.

Wenn die Diefenbacher also im nächsten Schritt die Ronalm beziehen, so kann dieser Aufenthalt dort nicht verglichen werden mit heutigem Almleben, gar

*Diefenbach mit seinen Kindern und zwei seiner Schüler unterwegs im Karwendelgebirge*

mit vielgepriesener Hüttenromantik. Die Natur hier ist rau und wild. Die Abgeschiedenheit groß. Und die Almhütte in schrecklichem Zustand. Aber Diefenbach und seine Kommunarden sind anspruchslos und wissen sich zu helfen. Sie quartieren sich ein in der Komfortlosigkeit, und während der Meister in der Umgebung der Alm malt, gehen alle paar Tage einige von seinem Clan hinab nach Hinterriß, um Lebensmittel zu kaufen.

Sie wandern gemeinsam über die Torscharte zum Torkopf mit seinen gut 2000 Metern Höhe, sie leben die freie Liebe (was vor allem viel Freiheit für Diefenbach bedeutete …), wälzen die Probleme, die entstehen, wenn Menschen unter schwierigen Umständen so nahe beieinander leben müssen, und der Meister malt und malt. Seine Bilder tragen Titel wie „Berggeist", „Der Alpenjäger" und „Elfenreigen im Gebirge".

Nach etwa drei Wochen auf der Ronalm setzen die Diefenbacher ihre Wanderung fort. Jeder, der die Gruppe getroffen hätte, wäre sicher nicht herausgekommen aus dem Staunen: der Meister im Apostelgewand, mit langem Haar und Rauschebart, feenhaft die Gefährtinnen, androgyn die Gefährten. Mit wenig Gepäck marschieren sie am 2. September hinauf zur Rappenspitze, 1835 Meter.

*Wir gingen ganz im Dunkeln fort*, berichtet Magdalene Bachmann in ihrem Tagebuch. *Als wir oben auf dem Rappenspitz waren, sahen wir die Sonne aufgehen. Es war sehr schön.*

Sechshundert Höhenmeter sind sie heraufgestiegen, auf einem Jägerpfad steigen sie nordwärts siebenhundert Höhenmeter zur Brandelalm ab, um dann noch einmal knapp dreihundert Meter hinaufzuwandern zur Vereinsalm. Hier machen sie nur eine Stunde Rast, bevor sie hinausgehen ins Tal der oberen Isar. *Um zwölf Uhr, als wir die Isar erreichten und uns sehr heiß war, badeten wir uns alle.*

Beim Oberjäger zu Mittenwald erbeten sie Quartier auf der Vereinsalm und sie erwerben Brot und fünfzehn Kilogramm Obst. Am frühen Abend marschieren sie von Mittenwald aus den gar nicht so kurzen Weg zurück zur Hütte – der Oberjäger hat ihnen recht leichtfertig gestattet, vom Rontal dorthin zu übersiedeln und eine gute Weile dort bleiben zu können. Auch hier, auf der weit komfortableren Vereinsalm, will Diefenbach große Bilder malen und sie sodann dem Jagdherrn Herzog von Hessen-Nassau, Großherzog Adolph von Luxemburg, zum Erwerb anbieten. Der Großherzog unterhielt hier, am Fuße der Soiernspitze, ein kleines Schlösschen samt Kegelbahn!

Aber das gute Leben auf der herzoglichen Alm währt nur kurz: Schon nach einer guten Woche müssen die Diefenbacher die Vereinsalm verlassen – der Großherzog muss sehr ungehalten reagiert haben, als er davon erfuhr, dass sein Oberjäger eigenmächtig die Einquartierung der Kommune gestattet hat. Auch ist er nicht mehr an Diefenbachs Werken interessiert – wie auch! Seine Bilder „Alpenjäger" oder „Du sollst nicht töten!" entstanden hier im Karwendel und sind sein Protest gegen die Jagd – und damit alles andere als geeignet, die Jagdschlösser der hohen Herren zu schmücken.

So ziehen sie denn ein Stück weiter, wandern mit Sack und Pack am Seinsbach entlang Richtung Mittenwald und finden noch ein letztes Mal Quartier im Karwendel. Das kleine gemauerte Gebäude der Seinsalm steht wenig entfernt von der Isar. Unten zieht die Straße Richtung Garmisch-Partenkirchen vor-

bei, eine Handelsstraße von alters her. Auf engem Raum leben die Alpenwanderer hier noch einmal zusammen. Ein spartanisches Leben. *Wir standen um 5 Uhr auf. Wasser holte ich aus dem vorbeifließenden Bach. Gerade gegenüber von uns ist der letzte Ausläufer des Karwendelgebirges. Dann fängt der Wetterstein an. Die hohen Berge lassen die Sonne erst spät hervorkommen ...* Bald werden die Diefenbacher das Karwendel für immer verlassen. Am 15. September liegt bereits Schnee auf den Bergen. Am 30. September fahren sie in Mittenwald los – mit dem Ziel Gardasee. Die harten Tage im Gebirge sind vorüber. In südlicheren Gefilden, dabei den Alpen noch nah, sollten sie den Herbst und den frühen Winter 1895/96 verbringen.

In diese Bergregion im tirolerisch-bayerischen Grenzgebiet aber sollte Diefenbach nicht mehr zurückkehren. Vielleicht waren ihm die Berge in ihrer Nacktheit, Komfortlosigkeit und Härte gar nicht so heilsam, wie er es sich erhofft hat.

> *Kein Lüftchen regt sich, kein Laut ist hörbar,*
> *die weite Ebene, bedeckt von dichtem Nebel,*
> *liegt tief zu meinen Füßen, der Alpen langer Zug begrenzt sie –*
> *über mir die wolkenlose Bläue,*
> *bevölkert von der Sterne großer Schar.*
> *Welche Ruhe! und doch welch Leben!*
> *Der Sturm in meinem Innern schweigt,*
> *bewältigt von dem Frieden der Natur.*
> *Nun klopft das Herz mir hörbar.*
> *Mählich scheucht die Dämmerung das Dunkel, Sterne schwinden.*
> *Goldner Schein verkündet Tagesnähe –*
> *ein unnennbar tiefes Schauern fasst mich – meine Glieder*
> *beben vor Erregung – jetzt erscheint*
> *der Sonne Majestät*
> \*\*\*
> *Dieser Augenblick – es war der höchste meines Lebens ...*

Diese Zeilen sind einem langen Gedicht entnommen, das Karl Wilhelm Diefenbach bereits am 11. Februar 1882 zu Papier gebracht hat.

Es war eine Nacht gewesen am Hohenpeissenberg unweit von Weilheim in Oberbayern. Ein leicht zu erreichender Aussichtsmugel mit berühmter Wall-

fahrtskirche, der breit hingestreckten Alpenkette zwischen Benediktenwand und Allgäuer Bergen auf geradezu ideale Weise vorgelagert. Die Berge sind, von hier aus gesehen, gereiht wie in einem der Panoramen des Schweizer Alpenwanderers Escher von der Linth. Ein Platz, von dem aus sich die Augen wahrlich nicht satt sehen können.

Die Eindrücke, die Diefenbach in den Nacht- und Morgenstunden hier erlebt hatte, wurden prägend für sein weiteres Leben. Er fragte sich, so sein Biograf Hermann Müller, „welches Schicksal würde ihm blühen, wenn er jetzt, als Einzelner unter Millionen, aufstünde, den Menschen seine Wahrheit ins Gesicht zu sagen? Wenn er hinabstiege in die Ebene als Apostel und Prediger von der Heiligkeit der Natur und der Göttlichkeit des Menschen?"

Da oben, am Hohenpeissenberg, ist Diefenbach gleichsam ins Gewand des „Kohlrabi-Apostels" geschlüpft. Dort fand, unter Ausschluss jeder Öffentlichkeit, seine Weihe statt. Bald darauf kleidete er sich in Kutten und begann, Vorträge zu halten: *Über die Quellen des menschlichen Elends, Krankheit, Armut und Verbrechen und deren Beseitigung durch naturgemäße Lebensweise.*

Nicht alles, was uns unsinnig vorkommt, ist ohne Sinn.

Auch ein „Kohlrabi"-Apostel war ein Apostel.

Sein ungewöhnlicher Lebensweg führte ihn nach München und Wien, nach Ägypten und auf die Insel Capri, wo am 15. Dezember 1912 seine Sonne im Meer versank.

Und wieder war die Welt um ein „Original" ärmer.

Literatur:

Hermann Müller (Hrsg.): Meister Diefenbachs Alpenwanderung – Ein Künstler und Naturrebell im Karwendel. Recklinghausen 2004

# KEIN TOURENTIPP! EINFACH NUR GEHEN ...

*Ein Plädoyer für eine neue – alte – Form des Wanderns*

WAS WÜRDE EIGENTLICH PASSIEREN, wenn wir am kommenden Wochenende den Tourenführer oder den aus der Bergzeitschrift ausgeschnittenen Tourentipp zu Hause lassen würden?

Was wäre, wenn wir verzichten würden auf die profund zusammengestellte Wegbeschreibung inklusive Notizen zur Anfahrt, zur Parksituation, den Einkehrmöglichkeiten, der Senioren-, Familien-, Kinder-, Hundefreundlichkeit der Tour, wenn wir also gar nicht mit dem Vorsatz starten würden, das uns schon vorgelebte Erlebnis einfach so übernehmen zu wollen; wenn wir davon absehen würden, eine Wanderung, die Natur, das Gebirge genauso zu konsumieren, wie das „alle anderen auch" tun, und somit in der Lage wären, symbolisch gesprochen, allzu ausgetretene Pfade zu verlassen und mit offenen Augen und offenen Sinnen Neues, wirklich Neues, auf eine ganz persönliche Art und Weise zu erleben?

Wäre es nicht besonders reizvoll, einmal einem alten Traum zu folgen, sich zu erinnern an eine frühere Idee und sich dann vertraut zu machen mit allem, was es braucht, um dieser Idee die Wirklichkeit folgen zu lassen?

Ich erinnere mich daran, zwölf- oder dreizehnjährig, lange also, bevor ich zum Kletterer und Bergsteiger geworden war, in einer uralten, modrig riechenden Ausgabe des Magazins „Der Bergsteiger" eine ganzseitige Schwarzweiß-Aufnahme der Guglia di Brenta gesehen zu haben. Das Matterhorn kannte ich bereits (wahrscheinlich aus Trenkers Film „Der Berg ruft", der ab und an im Fernsehen lief), aber diese kühne, schlanke, in den Himmel ragende Felsnadel – sie stach mich ins Fleisch, ins Herz, in die Seele und wurde mir schlagartig zum Inbegriff gewagten Kletterns und zum Wunschbild einer noch fernen al-

pinistischen Zukunft. Jahre später hörte ich zum ersten Mal von den Calanques, einer fjordartigen Felsküste unweit von Marseille, wo man „sogar im Winter klettern" können sollte. In der Bücherei des Alpenvereins gab es einen kleinen, abgenutzten Führer, herausgegeben vom legendären Bergsteiger Gaston Rébuffat – auf Französisch. Einer der Kletterfreunde übersetzte mühsam wenigstens das Wichtigste ins Deutsche. Und dann begann das Recherchieren, das Planen, das Organisieren – ganz ohne Tourentipps, ohne Google-Map oder Wikipedia.

„Dank der Computer verfügen wir heute über ein immenses gesellschaftliches Gedächtnis", schreibt Umberto Eco in „Die Kunst des Bücherliebens". „Es genügt, die Modalitäten des Zugangs zu den Datenbanken zu kennen, und wir können zu jedem beliebigen Thema alles erfahren, was es darüber zu wissen gibt … Aber es gibt kein größeres Schweigen als den absoluten Lärm, und das Übermaß an Information kann zu absoluter Ignoranz führen … Zu wissen, dass es über Julius Cäsar zehntausend Bücher gibt, ist dasselbe, wie nichts über ihn zu wissen; wäre mir *ein* Buch empfohlen worden, ich hätte es mir besorgen können …"

Vor dem Informationszeitalter war es durchaus schwierig – und doch auch das reine Vergnügen, eine wahrhaft gesteigerte Vorfreude –, sich über Wochen mit den zum Ziel gewordenen Unternehmungen zu befassen, sich rare Auskünfte zu beschaffen, nach neuen Bildern zu „graben"; Bilder, die dann wieder die Fantasie beflügelten und einen süchtig machten nach etwas, das es ja erst noch zu erleben galt.

Langer Vorrede prägnanter Sinn: Das Neue, noch nie Gesehene, noch nicht Gelesene, das Unbekannte gibt dem Unterwegssein im Allgemeinen und dem Wandern im Speziellen den ganz besonderen Reiz. Deshalb soll an dieser Stelle und in Anlehnung an die Wanderfahrten der hier vorgestellten Alpenwanderer des 19. Jahrhunderts als Erstes und dringend empfohlen sein, sich, wie diese, einmal einzulassen auf das Neue, das Unbekannte, und einen Aufbruch ins Ungewisse zu wagen. Und wenn schon nicht ins Ungewisse, so immerhin ins Nicht-Vorgekaute.

Die Wege in den Bergen sind fast überall bestens ausgeschildert und markiert. Man könnte eine Karte bei der Planung zu Rate ziehen und unterwegs dabeihaben. Aber man bräuchte einmal keinen dieser Tourenauswahlführer, keinen Computerausdruck und auch kein GPS. Was man braucht, ist einfach nur die Lust am Gehen, ein gutes Paar Schuhe, einen Rucksack mit Proviant, Getränk und Wetterschutz. Nicht mal ein Auto bräuchte man.

Man könnte von zu Hause aus losgehen, einfach die Tür hinter sich schließen und sich auf den Weg machen Richtung Berge. Wem das zu weit wäre (aus geografischen oder persönlichen Gründen), der könnte mit dem Zug oder dem Bus anreisen, irgendwo dort aussteigen, wo die Landschaft interessant zu werden beginnt, – und losgehen, einfach der Nase nach. Sich überraschen lassen, das ist es, um was es geht und was man von den Alpenwanderern von damals heute wieder neu lernen könnte. Überraschendes anstatt Vorgefertigtes, erleben statt konsumieren – das ist die Devise.

Wandern war lange Zeit nicht Selbstzweck. Schon gar nicht in den Bergen. Wer die Alpen auf ihren Pässen überquerte, musste einen guten (oder weniger guten!) Grund dafür haben: Wer über die Alpen zog, tat es, um Krieg zu führen, um Handel zu treiben oder um einem Gelübde zu folgen. In Letzterem, in der Pilgerreise, ist der Ursprung der späteren Wanderbewegungen zu finden. Gehen als Meditation, Unterwegssein als kontemplative Handlung.

„Das Leben ist ein Weg. Schritt für Schritt geht jeder seinen Weg, trägt seine Lasten mit. Es gibt Umwege, Irrwege, Durststrecken, beschwerliche und leichte Wege. Man geht miteinander, aufeinander zu. Man geht Wege, die andere vorausgegangen sind. Sie haben Wegzeichen aufgestellt, damit wir unsern Weg finden", meditiert Pater Anselm Grün in seinem Büchlein „Auf dem Wege".

Und der Theologe Karl Rahner sagt: „Wir sind nicht Pflanzen, die an eine ganz bestimmte vorgegebene Umwelt gebunden sind, wir suchen selbst unsere Umwelt, wir verändern sie, wir wählen und – gehen. Wir erleben uns im Wandeln als die sich selbst Wandelnden, als die Suchenden, die erst noch ankommen müssen." Gottsuche, Buße, Wallfahrten zum Dank an die Heiligen – all dies waren Anlässe für spirituelle Fußmärsche. Denn das Wandern eignet sich bestens zur inneren Einkehr, zur Reflexion, zur religiösen wie zur konfessionsfreien Meditation.

„Das ständige Gehen, die gleichmäßige Bewegung, der man sich überlassen kann, ohne viel zu denken, kann zu einem Reinigungsweg werden", sagt Anselm Grün. „Gehend zu meditieren, verbindet die körperliche Bewegung mit einer geistigen Anstrengung. Gehend denkt man über das nach, was man eigentlich tut. Man überlegt, was das im Letzten bedeutet: Weg, auf dem Weg sein, Pilger sein, Fremdling sein auf dieser Erde, auf Gott zugehen."

Es ist schon bemerkenswert, wie sehr das Pilgern, jene geradezu archaische Form der Gottverehrung und Gottzuwendung, in der heutigen Zeit sich neu belebt, eine Renaissance erfährt.

Und es sind längst nicht mehr nur und vor allem die frommen Christen, die sich auf die Pilgerfahrt machen. Auf dem berühmten Jakobsweg sind Zugehörige der verschiedensten Glaubensrichtungen anzutreffen; der wohl größte Teil der Pilger aber würde sich als konfessionslos bezeichnen, zumindest als jemand, der seinen Glauben nicht „ausübt". Hape Kerkelings Jakobswegbuch „Ich bin dann mal weg" hat sich mehr als dreimillionenmal verkauft – ein von Autor und Verlag unerwarteter und so nie dagewesener Verkaufserfolg.

Das Pilgern, das ein Wandern aus spirituellem Anlass ist, boomt. Gepilgert wird auch anderswo, nicht nur am Jakobsweg, gepilgert wird vor allem auch in den Bergen. Schon vor Tausenden von Jahren bestiegen Menschen Berge, wollten Gott näher sein, ihm in Furcht oder Dankbarkeit begegnen, und sie richteten Kultstätten ein. Dass man im Bergsteigen den Abstand zwischen Erde und Himmel verringert, liegt auf der Hand; dass man Gott damit automatisch näher käme, ist lange Zeit von Bergsteigern gern behauptet worden. Die Titel einiger großartiger Bergbücher aus den sechziger und siebziger Jahren, wie zum Beispiel „Schritte himmelwärts" (Pierre Mazeaud), „Zwischen Erde und Himmel" (Gaston Rébuffat) oder „Vor den Toren des Himmels" (Terray; wobei man hier einräumen muss, dass der französische Originaltitel übersetzt „Die Eroberung des Unnützen" lauten würde), sprechen für sich. Dass die Bergfreunde, extrem oder gemäßigt unterwegs, ob dieser vermeintlichen Himmels- und Gottesnähe deshalb auch gleich bessere Menschen würden, ist mittlerweile vielfach widerlegt und gehört ins Reich der Alpenmärchen.

Zweifellos richtig aber ist, dass man im Gebirge Abstand vom Alltag gewinnen kann, dass man sich im Gehen und beeindruckt von den vielfältigen Landschafts- und Naturformen fürs Transzendentale leichter zu öffnen vermag als „drunten, im Tal", dass somit die Gedanken und Gefühle aufbrechen können zu Höhenflügen.

So schreibt der frühere Bischof von Innsbruck, Reinhold Stecher, in seinem Buch „Botschaft der Berge" sehr trefflich: „Wenn ich für ein paar Stunden dem Lärm entrinne und von irgendeinem Zacken der Nordkette ins Häusermeer von Innsbruck hinunterschaue, dann kommt mir zum Bewusstsein, wie laut die Welt ist, die wir uns gebaut haben … Selbst wenn man zweitausend Meter drüber ist, dröhnt dumpf der Lärm der Stadt herauf. Aber wenn ich dann nur ein paar Meter auf der Nordseite hinüberwechsle und in die Ketten und Kare, die Wannen und Wände des Karwendels horche, weht mich Stille an

… Die Berge sind schweigende Lehrer. Sie diskutieren, argumentieren und überreden nicht …"

Hier also ahnt man die Nahtstelle zwischen lustvollem Wandern und religiös motiviertem Pilgern. Hier wird deutlich, dass jeder bewusste Wanderer etwas von einem Pilger in sich trägt – und jeder noch so tief empfindende Pilger auch eine Portion Sportsgeist mitbringt.

Denn zum Sport hin hat sich das Wandern durch die Jahrhunderte gewandelt. Es ist zweckfrei geworden – wer heute wandert, tut dies zumeist ohne zwingenden Grund: Kaum jemand muss zu Fuß von A nach B gelangen, kaum jemand geht noch des Handels wegen auf Schusters Rappen über die Alpenpässe, und dass es jemals wieder Krieg in den Alpenländern gibt – vor Zeiten ein weiterer Grund für den Gang über die Berge –, davor möge uns das Schicksal bewahren.

Gewandert wird jetzt um des Wanderns willen. Weil es schön ist. Weil es gesund ist. Weil es die Krankenkassen empfehlen. Weil man sich selbst etwas beweisen kann. Das sind schon ein paar ganz gute Gründe. Die freilich jene Frage noch immer nicht erschöpfend beantworten: Worin liegt für zunehmend mehr Menschen die Faszination, zu gehen, zu wandern, sich Blasen zu laufen, dem Wetter ausgesetzt zu sein, im Unterwegssein auf manchen Komfort zu verzichten?

Vielleicht mag das Motto „Zurück zur Natur" an dieser Stelle weiterhelfen – und zugleich wieder eine Verbindung herstellen mit den Alpenwanderern von einst, mit Leuten wie Noë, Kyselak, Kasthofer und Escher von der Linth.

Zurück zur Natur also.

„Der Weg. Er ist steinig. Man muss sich auf ihm Schritt für Schritt Platz für den Fuß suchen. Er ist zwar bereitet, aber er wird immer wieder von der Natur verändert. Moos wächst, Steine fallen darauf, Wurzeln schlingen sich durch. Der Weg ist nicht glatt und unpersönlich, er ist ein ganz bestimmter Weg und hat seine charakteristischen Eigenarten", schrieb Helmut Zebhauser in seinem an Denkanregungen reichen Buch „Vom Unsinn des Bergsteigens". „Die Straße der Stadt ist glatt, nichtssagend, sie ist darauf zubereitet, dass man auf ihr schnell und möglichst mit Rädern vorwärts kommt. Beim Weg im Gebirg ist es anders … Die eiligen Geschwindigkeiten der Straße gelten für den Bergweg nicht. Er ist steil, steinig und uneben und vermittelt so dem Menschen, dem Bergwanderer durch die Aufmerksamkeiten, die er zum Gehen braucht, einen intensiveren Bezug zu seinem Gehen. Und das Gehen ist ja eine

so sehr menschliche Tätigkeit. Dieser Weg im Gebirg ist, wie jeder Wanderweg, dem Menschen ein Weg zu sich selbst." Zurück zur Natur!

Wir verfügen heute über weit mehr Freizeit als unsere Vorfahren. In unserer Arbeitswelt sind wir im Vergleich zu den früheren Generationen stark entlastet worden (zumindest körperlich), Hochtechnisierung, Computerisierung, Digitalisierung haben uns viel abgenommen. Dass dies jedoch letztlich ein Trugschluss ist, wird immer mehr Menschen bewusst. In einem in vielerlei Hinsicht (noch) überversorgten Dasein fühlt sich der Mensch des 20. und 21. Jahrhunderts vielfach so unwohl wie verunsichert auf dem immer schwankender werdenden Boden der heutigen Arbeitswelt. Für viele besteht das vorgegebene Leben aus Leistungszwang in der Schule, Leistungs- und Erfolgsdruck im Beruf – und, daraus bestenfalls resultierend, Belohnung in Form von Kaufkraft und Luxus, die, wie von der Werbung in schillerndsten Farben verkündet, schmackhaft und erstrebenswert erscheinen soll.

Doch wer alles hat, hat längst nicht alles. Wer alles kaufen kann, kann längst nicht alles haben. Wer alles besitzt, kann dennoch ziemlich arm dran sein.

Irgendein Teil in uns macht uns traurig klar, dass wir unseren ureigensten Bedürfnissen, unseren Wurzeln, wenn wir sie nicht schon verloren haben, so immerhin sehr fern geworden sind. Irgendein Teil in unseren Köpfen und Herzen weiß, dass Menschsein nicht durch Einkommen, Status und Macht definiert sein kann. Was es wohl bräuchte, ist eine neue „Erdung", eine neue, alte Wiederverbundenheit mit der Erde.

„Der Mensch ist ein wanderndes Wesen. Der Homo begann wandernd. Das wollte die Evolution: dass er wandernd sich den Globus erschließe", schreibt Joachim-Ernst Behrendt.

„Das also ‚wissen' unsere Gene, wandern ‚können' sie, dazu motivieren sie uns, dahin reißen sie uns: die beiden Worte reisen und reißen waren ursprünglich eins – und jeder, der wirklich ein Reisender ist, hat den Zweifel erfahren: Bin ich es der reist, oder was reißt mich? Gehe ich diesen Weg, oder was geht mich?"

Folgt man Behrendt, dann liegt im Gehen, im Wandern etwas ungemein Heilsames – im wörtlichen wie im übertragenen Sinn.

Der Philosoph Kierkegaard meint dazu: „Ich gehe jeden Tag zu meinem Wohlbefinden und entferne mich so von jeder Krankheit. Ich habe mir meine besten Gedanken ergangen, und ich kenne keinen noch so schweren Kummer, den man nicht weggehen kann."

Woran es liegt, dass uns das Gehen, das Wandern heilsam sein kann? Anselm Grün sieht es so: „Im Gehen sind wir ständig in Bewegung und so kann sich auch in unserem Geist etwas bewegen. Die gleichmäßige Bewegung der Füße … ermöglicht das Abgeben von Spannungen, die sich im Leib festgesetzt haben und immer auch seelische Konflikte ausdrücken. So geht man sich die Unruhe und den Kummer weg und wird immer ruhiger und ausgeglichener. Indem man bewusst die Füße aufsetzt und abrollt, lässt man alles abfließen, was den Leib und damit auch die Seele verspannt, verkrampft, verunreinigt."
Und sein bemerkenswertes Fazit: „Man fühlt sich nach dem Wandern wie innerlich gewaschen, aufgeräumt. Der Müll ist weggegangen."

Keine Frage: Was gut ist für unser körperliches und seelisches Befinden, ist auch gut für unser In-der-Welt-Sein schlechthin.
Der Mensch ist ursprünglich ein Nomade. Er war, was die Natur betrifft, instinktgeleitet, war mit seinem natürlichen Lebensraum eng verbunden, hatte nicht nur Wissen um Wetter und Gefahren – es war dies ein Wissen, das genetisch weitergegeben worden ist. Die Zivilisation hat diesem archaischen Wissen und Sein den Garaus gemacht. Heute muss niemand mehr wie ein Prärie-Indianer leben – heute ist es bestenfalls noch ein Indianerspiel. Heute muss kaum noch jemand jagen, um zu essen zu haben, kaum jemand ist noch auf Reisig und Feuersteine angewiesen, um nicht zu erfrieren.
Dennoch oder gerade deshalb gibt es in vielen von uns – und es werden immer mehr – den Wunsch, sich wieder in der Natur zu bewegen, der Erde näher zu sein, zumindest zeitweise auszubrechen aus dem über-kultivierten Dasein und ein einfaches Leben zu leben: Schon Camping ist ein Ausdruck dieses Gefühls, mehr noch aber das Abenteuerreisen, das Bergsteigen und in idealer Weise das Wandern. Wandernd kehren wir zu unseren Wurzeln zurück.

„Der Weg durchs Gebirge als Wochenendbeschäftigung gibt dem Menschen eine Nähe zur Natur", schreibt Zebhauser. „Der Jahresablauf wird wieder ursprünglicher, ist wieder nah, wie er es früher den Bauern war. In der Stadt weiß der Mensch nichts mehr von der Kälte. Der Thermostat regelt die Ölheizung so, dass der Wohnungsmensch nicht einmal beim Heizen merkt, ob es draußen mehr oder weniger kalt ist. Aber wochenends im Gebirg hat er Zusammenhang mit der Natur. Schon wenn er seinen Rucksack packt, weiß er mehr von der Jahreszeit, als der, der das Wochenende über zu Hause bleibt."

Für die meisten, die gerne in die Berge gehen, sind solche Weisheiten nicht neu. Selbst wenn sie sich nie Gedanken über ihre Art, die Freizeit auszufüllen, gemacht haben, werden sie den hier angeführten Argumenten fürs Wandern ziemlich vorbehaltlos zustimmen können.

Und doch, so glaube ich, können wir an den Beispielen der hier porträtierten Alpenwanderer des 19. Jahrhunderts etwas lernen und es herüberretten in unsere Zeit, in unser Leben.

„Wer geht, wer wandert, der bewegt sich nicht bloß in der menschlichsten Weise; er sieht auch am besten …", schrieb der Publizist Wilhelm Hausenstein. „Er sieht auch am besten – nimmt am besten wahr, eignet sich die Welt mit Auge und Atem, Sinn und Seele am gewissesten an."

Darum geht es: ums genaue Hinschauen, ums neue Sehen, darum, etwas neu zu entdecken. Nach Möglichkeit ohne Foto-Apparat, ohne den schnellen Blick aufs Display oder durchs Objektiv. Ohne die Stoppuhr im Kopf, die schon beim Hüttenanstieg darauf achtet, dass man höchstens so lange braucht, wie im Führer dafür angegeben ist, lieber aber noch eine Viertelstunde schneller wäre, um sich und vielleicht auch anderen zu beweisen, wie fit man ist. Diese innere Stoppuhr müsste weggelegt, abgeschaltet, angehalten werden. „Entschleunigung" ist die Devise. Oder, einfacher ausgedrückt: langsamer werden, sich Zeit lassen und Zeit nehmen. Langsam und gleichmäßig gehen, einen guten Rhythmus finden für Schritte und Atem, und dann ganz bewusst schauen, hören, riechen und fühlen.

Plötzlich wird der bekannte, ja altvertraute Weg zu etwas Neuem. Jeder Schritt, jeder Blick ist intensiver nun. Das Wurzelgeflecht, das sich in der Wegbiegung breitgemacht hat, – so oft wir da schon drübergestiegen sind, haben wir es doch noch nie so gesehen wie heute. Die Märchengestalt umgestürzter, morsch gewordener, von Moos und Flechten überwucherter Bäume. Die Steine auf dem Weg: Felsen, die aus dem Boden ragen, oder Schotter und Stolpersteine, glatter Granit, rauer Sandstein oder von Millionen Fußabdrücken marmorn polierter Kalk. In den Dörfern, bei den Bergbauernhöfen und den Almen oder Alpenvereinshütten: die Details geglückter oder missglückter Architektur, die liebevollen, bisweilen kitschigen Accessoires in Gärten und an Fenstern. Und zwischen den Bergen das Wetter: die Farben des Himmels, die Wolken und was sie wohl verkünden, und das Licht zu den verschiedenen Zeiten des Tages.

Ein bisschen viel Naturromantik?

Sie gehen zu schnell …

Auf was es ankommt, ist, die (Berg-)Welt wieder so zu sehen, wie es die Pioniere des Bergwanderns und Bergsteigens taten. Jeder Schritt, jeder Meter könnte Überraschungen bieten! Zumeist tut er das auch. Nur müssen wir sie entdecken, müssen lernen, neu zu sehen.

Statt zu fotografieren, nimmt man einen Block mit, ein paar Stifte, farbige am besten – einfache Buntstifte oder Pastellkreiden –, setzt sich dort hin, wo die Aussicht auf die Berge besonders reizvoll ist, und zeichnet, so wie zu Beginn des 19. Jahrhunderts Escher von der Linth, das Panorama. Ach, wird nun manch einer sagen, das kann ich nicht, ich war im Zeichnen nie besonders gut …

Egal! Es kommt darauf an, die Welt neu zu sehen. Sich überraschen zu lassen. Auch von den eigenen Gaben. Oder man nimmt ein Notizbuch mit und schreibt bei gelegentlichen Rasten darin auf, was man erlebt und erwandert. Schreibt es auf, so wie Joseph Kyselak es getan hat. Seume natürlich, Noë und Steub und wie sie alle hießen.

„Wie machten das all diese Leute: wandernwandernwandern …", wundert sich Joachim-Ernst Behrendt über die Philosophen des 15., 16. und 17. Jahrhunderts: „… und die dennoch ihre genialen Werke – ohne Schreibmaschinen und Computer – mit der Hand schrieben? Apropos schrieben: auch das ist ‚wandern': auf dem Papier – krakelnd, kratzend, torkelnd oft! Meist ohne Wege! Neue Wege bahnend."

Dass dieses Buch auch dazu anregen könnte, sich neu auf alte (oder neue) Wege zu machen, wäre ein ganz besonders schöner Erfolg!

Literatur:

Joachim-Ernst Behrendt: Es gibt keinen Weg. Nur Gehen. Frankfurt a. M. 1999
Wilhelm Hausenstein: Wanderungen. Frankfurt a. M. 1935
Joachim Schumacher: Leicht gen Morgen unterwegs. München 1979
Anselm Grün: Auf dem Wege. Münsterschwarzach 1983
Umberto Eco: Die Kunst des Bücherliebens. München 2009
Helmuth Zebhauser: Vom Unsinn des Bergsteigens. München 1985
Karl Rahner: Alltägliche Dinge. Freiburg 1964
Rudolf Bischof/Klaus Gasperi: Das kleine Buch zum Pilgern. Innsbruck 2005
Reinhold Stecher: Botschaft der Berge. Innsbruck 2002

Dank
Besonderer Dank gebührt Jürgen und Sibylle Brandes in Tutzing (D), Rupert Pischl in Telfs (A), der Bibliothek des Deutschen Alpenvereins in München (D), der Linth-Escher-Stiftung in Mollis (CH), dem Stadtarchiv Hadamar (D), dem Kyselakprojekt in Wien (A), sowie Kathrin König, Bozen (I).


Bildnachweis
Die Abbildungen auf den Seiten 9, 73, 77, 137, 161 stammen aus: Aus Deutschen Bergen. Ein Gedenkbuch vom Bayrischen Gebirge und Salzkammergut. Geschrieben von Hermann Schmid und Karl Stieler. Stuttgart 1873
Die Abbildungen auf den Seiten 25, 61, 119 sowie das Titelbild stammen aus dem Bildband: „E. T. Compton" von Jürgen und Sibylle Brandes, Reproduktion mit freundlicher Genehmigung der Autoren
Abbildung Seite 139: Theodor Trautwein, Fotograf: unbekannt, um 1875, SW, Signatur PER 2 FF 67, © Archiv des Deutschen Alpenvereins, München
Abbildung Seite 40: © Linth-Escher-Stiftung, Mollis (CH)
Abbildungen Seite 32 und 46/47: © Graphische Sammlung der ETH Zürich
Abbildungen Seite 69 und 80: Chico Klein, Kyselakprojekt
Abbildungen der Aquarelle von Charles Brizzi auf den Seiten 100, 101, 105, 127 sowie auf der Umschlagrückseite mit freundlicher Genehmigung von Rupert Pischl, Telfs
Abbildungen Seite 149 und 153: © Stadtarchiv Hadamar
Die Buchumschläge auf den Seiten 13 und 141 wurden fotografiert von Kathrin König
Die Porträts der Alpenwanderer Seume (Seite 19), Kasthofer (Seite 56) und Steub (Seite 95) und der Buchvorsatz (Seite 67) stammen aus dem Archiv des Autors; ebenso die Fotografie des Noë-Denkmals in Bozen (Seite 133)
Autorenporträt auf der Umschlagrückseite: Antje Koral

E. T. Compton

1. Auflage 2007
392 Seiten mit 602 Abbildungen
Format 30,0 x 28,5 cm
gebunden mit Schutzumschlag
ISBN: 978-3-7633-7049-8
Bergverlag Rother

**Bibliografische Information Der Deutschen Nationalbibliothek**
Die Deutsche Nationalbibliothek verzeichnet diese Publikation in der Deutschen Natio-nalbibliografie; detaillierte bibliografische Daten sind im Internet über http://dnb.d-nb.de abrufbar.

2009
© Verlagsanstalt Tyrolia, Innsbruck
Umschlaggestaltung: Tyrolia-Verlag, Innsbruck, unter Verwendung eines Bildes von E. T. Compton aus dem Bildband „E. T. Compton" von Jürgen und Sibylle Brandes, München 2007, mit freundlicher Genehmigung von Jürgen Brandes
Layout und digitale Gestaltung: Tyrolia-Verlag
Lithografie: digiservice, Innsbruck
Druck und Bindung: Athesia-Tyrolia Druck, Innsbruck
ISBN 978-3-7022-2986-3
E-Mail: buchverlag@tyrolia.at
Internet: www.tyrolia-verlag.at